10分でわかる!

経費で落とせる
レシート・領収書

税理士 林 仲宣 編

WAVE出版

◎はじめに――フリーランスのあなたに

会社員や公務員に対して、自営業であるあなたは、自由に仕事ができる「フリーランス」として、自分の能力、資質、人脈を生かして、チャンスとリスクを織り交ぜながら仕事をしています。

所得税は、その仕事から得た収入に課せられる税金です。勤め人は給料やボーナスから所得税が源泉徴収され、12月の給料をもらうときに、勤務先が年末調整の手続きをして、所得税の精算をしてくれます。

一方、フリーランスのあなたは、年末までの1年間の事業所得について、自分で確定申告をして、所得税を明らかにします。

納税額は、収入から経費と各種控除額を引いた「課税所得金額」に税率を掛けて計算します。その計算過程を確定申告書に書いて、税務署に提出するわけです。だから、認められる経費は最大限申告すべきなのです。

その経費には、「仕事に伴う費用」「仕事に関連する費用」「生活費のなかに含まれるけれど、仕事に関係する部分があると断言できる費用」などがあります。それらが経費であることを知っているのは、あなただけです。

しかし、あなたは知っていても、税務署に説明するには、証拠が必要です。それが**「領収書」「レシート」**。これで、いつ、誰に、いくら支払ったかが証明できるので、とても重要な資料です。

本書では、序章で「領収書」「レシート」、そして「経費」の基礎知識を紹介します。その費用が経費であることを理解し、必要なときには説明できなければなりません。

じつは、「あなたが理解している経費」と「税務署が認める経費」の考え方には差があります。あなたが経費になると思っている費用を税務署が認めず、逆にあなたが経費と気がついていない費用が認められるかもしれません。

仮に税務署が通常は認めない経費でも、申告した理由を知れば認めることもあります。ですから、仕事の中味を知っているあなただからできる準備をしておきましょう。

そして第1章からは、あなたが知りたいと思っている「その費用は経費になるのか、ならないのか」について、具体的なケースをたくさん用意し、その答えをズバリ書いています。

このケースと解説を通して、経費の種類や範囲を理解すれば、あなたは今よりもっともっと節税できるはずです。それはあなたの経費が増えるからです。

本書は、フリーランスのみなさんのために、そうした状況をよく知っている女性税理士4人が、税金を納める人の目線で執筆しました。

2019年10月

税理士　林　仲宣

10分でわかる！ 経費で落とせるレシート・領収書◎目次

第1章 接待交際費

第2章 旅費交通費

第3章 備品、消耗品費、減価償却費

第4章 賃借料、水道光熱費、租税公課、保険料

第5章 通信費、図書費、研修費

第6章 人件費、外注費

第9章 取材費、編集費、デザイン費

カバー・本文デザイン／加藤愛子（オフィスキントン）
DTP／システムタンク
編集協力／藤原雅夫

確定申告用の勘定科目

確定申告書の用紙には主な勘定科目が印刷されていますが、そこにはなくて、あなたの業種・職種でよく使う勘定科目を、表の空欄（太線部分）に書き入れて使ってください。

たとえば次のような科目です。

- **図書費**
- **会議費**
- **取材費**
- **調査費**
- **外注費**
- **材料費**
- **廃棄損**
- **研究費**
- **健康管理費**
- **販売手数料**
- **支払手数料**

収支内訳書（一般用）

科目				
収入金額		売上（収入）金額	①	
収入金額		家事消費	②	
収入金額		その他の収入	③	
収入金額		計（①＋②＋③）	④	
売上原価		期首商品（製品）棚卸高	⑤	
売上原価		仕入金額（製品製造原価）	⑥	
売上原価		小計（⑤＋⑥）	⑦	
売上原価		期末商品（製品）棚卸高	⑧	
売上原価		差引原価（⑦－⑧）	⑨	
差引金額（④－⑨）			⑩	
経費		給料賃金	⑪	
経費		外注工賃	⑫	
経費		減価償却費	⑬	
経費		貸倒金	⑭	
経費		地代家賃	⑮	
経費		利子割引料	⑯	
経費	その他の経費	租税公課	㋑	
経費	その他の経費	荷造運賃	㋺	
経費	その他の経費	水道光熱費	㋩	

科目				
経費	その他の経費	旅費交通費	㋥	
経費	その他の経費	通信費	㋭	
経費	その他の経費	広告宣伝費	㋬	
経費	その他の経費	接待交際費	㋣	
経費	その他の経費	損害保険料	㋠	
経費	その他の経費	修繕費	㋷	
経費	その他の経費	消耗品費	㋦	
経費	その他の経費	福利厚生費	㋸	
経費	その他の経費		㋾	
経費	その他の経費		㋻	
経費	その他の経費		㋕	
経費	その他の経費		㋵	
経費	その他の経費		㋟	
経費	その他の経費	雑費	㋹	
経費	その他の経費	小計（㋑～㋹までの計）	⑰	
経費		経費計（⑪～⑯までの計＋⑰）	⑱	
専従者控除前の所得金額（⑩－⑱）			⑲	
専従者控除			⑳	
所得金額（⑲－⑳）			㉑	

序章

すべては「レシート・領収書」から始まる

1 経費って何だろう?

「経費で落とす」という言葉をよく耳にしますが、その意味をしっかり理解している方はあまり多くないようです。ではなぜ、「経費で落とす」のでしょうか。じつは、「経費」は「税金」と、とても密接な関係にあるからなのです。

「経費」は、仕事をするために必要な費用のことです。小売業であれば、販売するために商品を仕入れた費用、飲食店であれば従業員を雇って支払う給与や食材を買い込む費用も「経費」です。

このように、**仕事をするうえで生じる支出は、すべて「経費」になります。**

では、支払ったものがすべて経費になるかというと、そうではありません。経費になるのは、あくまで仕事に関係するものだけです。とくに、仕事とプライベートの境目があいまいになりがちです。

ご存知のとおり、生活費は経費になりません。それを認めてしまうと、経費の幅が広くなりすぎて、なんでもかんでもアリになってしまい、税金を納める人の間で税の負担に不公平が生じます。そのため、経費の範囲はきびしく定められています。

納税額は、次のように計算されます。

納税額＝「収入－経費－各種控除」(課税対象金額)×「税率」

つまり、**「経費」は収入から差し引かれるため、経費を多くできるほど、支払う税金は少なくなるのです。**

では、経費が税金を安くするのなら、税金を払うより、お金を使って経費で落としていったほうが得なのではないかと思う方もいるかもしれません。

でも、必要なものを買うのにはいいのですが、ただ経費を使えばいいかというと、そうではありません。なぜなら、納税額は下がるけれども、それと同時に手元のお金も減るからです。

経費として落とすことで、ご飯がタダで食べられるし、好きに買い物ができると考える方もいるでしょう。しかし、それと同時に自分の財布もどんどん軽くなります。

そういう感覚で経費を使っていると、いざというときに資金が足りなくなり、行き詰まってしまいます。なんでもかんでも使って経費にすればいいというのは、大きな間違いです。

なお、経費が税金の減る要素になるということは、それだけ税務署もかなりきびしくチェックするということです。


仕事をうまく回していくためには、経費を上手に使い、お金の流れを安定させることです。その経費を上手に使うには、どうすればいいかというと、経費になるものとならないものの線引きを、きちんとすることです。この作業を正しくできれば、仕事をうまく回せるようになります。

この作業が身につけば、自分の仕事の何が経費になって、何が経費にならないかがすぐに判断できます。年間の収支状況の予測や、手元に残る現金の予測もできるようになります。

税金は一部を除いて経費にならないので、手元のキャッシュからどのくらい税金が出ていくかを把握していないと、仕事用のお金として使える余力がどれだけあるのか、わからなくなってしまいます。

税金を払わなければ罪になるので、仕事にも影響してきます。税金は、仕事をしていくうえで避けては通れないコストなのです。ここを意識して仕事の計画を立てないと、活動資金が得られず、立ち行かなくなります。

つまり、余裕ある活動資金と、税金が払えるだけの現金を手元に残すためにも、経費にできるものは最大限もらさず計上して、いつもお金に困らない状況をつくりだすことが大切です。

仕事をすすめるうえで、売上げと並んでそれに対応する経費をいかに計上できるかによって、納税額にとても大きな差が出ます。経費はそれほど重要なものです。

では、実際に経費になる・ならないの境界線と、そこで生じる疑問点を、次項からまとめていきます。経費として認められる基準と、実際にどういうものが経費になるのかという説明をしていきます。きっと今までになかった「気づき」があるでしょう。

2 経費が認められるためにはどうすればいいの？

経費として認めてもらうためのポイントは、3つあります。

①仕事に直接関係するか
②仕事をするうえで必要か
③仕事に使った金額をはっきり分けられるか

このうち最も重要なのは①です。もし税務調査が入ったとき、多くはここが争点になります。ただし、直接かどうかについては、はっきりした基準があるわけではないので、実質的なことから判断することになります。

具体的には、この**「直接」の判断**は次のようになっています。

①その経費がどの売上げと対応しているのか
②どのような目的で支出されたのか

③その経費が仕事にどの程度有効なのか

仕事と直接関係していることを、あなたが証明しなければなりません。

では、この3つをもとに経費の必要性を考えてみましょう。

経費になる・ならないを一言でいえば、「売上げにつながる費用かどうか」です。それは、税務調査が入ったときのことを想定して、「売上げとの結びつきをはっきり説明できるかどうか」とも言えます。

それでも判断しにくいのなら、「その仕事がなければ、どうなっていたか」という仕事の入口に立ち返ってみます。そう、原因と結果の関係です。

「プライベートであれば、支払うこともなかったけれども、今携わっている仕事になんらかの形で関係する、役立ちそうだ」という動機で支払ったということが、合理的に説明できるのであれば、それは経費として認められます。

なんでもかんでも「仕事に関係するから」とこじつけないようにしましょう。まずは上記3つのポイントに当てはめるところからスタートしましょう。

3 領収書をもらうときのルールは？

領収書には、「日付、宛名、金額、但し書き、発行者の住所・氏名」が書かれています。領収書をもらうときも、自分が発行するときも、これらが記載されているか確認しましょう。

領収書で問題になるものが2つあります。

①上様領収書

領収書をもらうとき、よく「宛名をどうしますか」と聞かれます。変わった名前だと漢字を説明するのが面倒だったり、屋号だと伝わりにくかったりして、「上様でいいです」と言う人もいます。

でも**「上様」では、宛名が特定されていません**。「上様」ばかりの領収書をもらっていると、税務調査では**「本当に自分で払った領収書なのか？」と疑われます**。

サラリーマンの経験がある方は、月々の精算で、領収書の内容をチェックされたでしょう。じつは、そのチェックは社内の担当者より税務署員のほうが厳しいのです。領収書は、支払い者を特定する証明資料ですから、名刺を見せるなどして、正しい宛名を書いてもらうようにしましょう。

②白紙領収書

もらったあとで、**自分で実際の金額よりも多めに書き込むことは、脱税行為です。**税務署員が領収書の発行元に問い合わせて、金額が一致しなかったらアウトです。文書偽造の罪に問われます。領収書を改ざんしたとなれば、脱税行為と判断され、追徴税額のほか、重加算税も取られます。改ざんの程度によっては、刑事事件となり懲役刑にもなりかねません。

白紙の領収書は安易に受け取らず、必ず相手に頼んで記入してもらいましょう。もし、相手が宛名や但し書きを書き忘れていたり、間違えていた場合でも、安易に加筆や修正をしてはいけません。状況をメモして添付しておきましょう。

4 領収書でなくレシートでも大丈夫？

仕事で使った経費の精算には、領収書が必要です。

領収書には「日付、宛名、金額、但し書き、発行者の住所・氏名」がありますが、レシートには、そのほかにも「人数」「品名」など細かい情報が記載されています。ただし「宛名」がないため、利用者を特定できません。そのため、会社ではレシートではなく、領収書をもらうように指示されていると思います。

領収書の本来の目的は、「支払った」ことの証明です。会社としては、不正な申請をさせないように、利用者が特定できる資料を求めますが、**税務上は、「支払った」ことの証明ができればいいので、**発行日付、支払い先、支払い金額、支払い内容が記載されていれば、**レシートでも有効なのです。**

高額なものを購入したときは、宛名があったほうがいいですが、**少額なものについ**

ては、むしろレシートのほうが情報量も多く、何を購入したかが一目瞭然のため、わざわざ手書きの領収書をもらわなくても、レシートで十分なのです。レシートだと支払った内容が明確になり、いい加減な説明はできなくなります。

つまり、確定申告をするときのあなたにとっては、領収書もレシートも同じレベルの書類なのです。

税務上は、たとえレシートであっても、取引の根拠として認められる項目はすべて印字されているため、領収書の代わりになります。

むしろ、領収書に宛名を「上様」と記載されたり、但し書きに「お品代」と記載されてしまうと、取引内容の信憑性に欠けてしまうため、レシートのほうがいいくらいなのです。

5 領収書をもらい忘れたり紛失したら？

領収書をもらい忘れたり、紛失してしまったら、レシートで代用できます。むしろ、レシートには何を購入したか書いてあるので、使い道が明確になります。

ただ、宛名が必要だと言われると、レシートでは証明できないので、領収書を再発行してもらえるのであれば、購入先にお願いしてみましょう。手書きのものだと再発行は難しいかもしれませんが、レシートタイプのものであれば、再発行してもらえる可能性が高まります。

もし、**再発行が難しい場合は、市販の「出金伝票」を利用します。**出金伝票には、支払った日付、勘定科目、支払内容、支払先、金額の欄があって、書きやすく、見やすく、わかりやすいのです。それを保管しておけば、領収書の代わりになります。

お祝い金や謝礼金など**領収書の出ないものについても、出金伝票を利用するとともも**

に、招待状なども一緒に保管しておくことで領収書の代わりになります（➡⑫㉓55）。

ただ、あまり出金伝票ばかり使っていると、税務調査では「レシートや領収書が出ない経費の内容とは何なのか？」と疑われてしまいます。出金伝票を使うのは奥の手であり、やむをえず領収書がもらえなかった場合の最終手段です。

日常生活で、領収書をもらえない取引は思いつきません。領収書は唯一、経費となる支出を証明する資料なのです。

金額が大きい場合は、担当者のサインも一緒にもらっておくと万全です。ほかに、銀行振込しているものであれば、**通帳に記帳されたものが領収書の代わりになるし、現金で振り込んだときは、振込明細書も領収書の代わりになります。**

領収書がなくても、請求書があればそれでもOKです。ただし、日付など支払った裏付けになるものがあれば、請求書と一緒に保管しておくと、なおいいでしょう。

要するに、必ずしも領収書という形式でなくても、「確実に支払われた」という証拠があれば、OKなのです。

6 収入印紙が貼ってない領収書は認められる?

5万円以上の領収書には、印紙を貼らなければいけません。しかし、あとで見たら「印紙が貼られてなかった!」ということもありますよね。貼られていないと、「領収書自体が認められないのではないか」と不安になるかもしれません。

しかし、そんなことはありません。**収入印紙が貼ってなくても、領収書としては有効です。**

つまり、「金銭のやりとりがあった」という証明ができれば問題ないのです。もらった領収書に収入印紙が貼ってなくても、領収書を受け取った側には問題ありません。収入印紙を貼る義務があるのは、書類を作成した相手です。とがめられるのは、領収書を出す側なのです。

ただ、**5万円以上であっても、収入印紙を貼らなくていいケース**が2つあります。

①消費税額が分けて記載されている場合

たとえば、商品代金4万8000円、消費税額4800円、合計5万2800円と記載されていれば、消費税は印紙税の対象にはならないので、商品代金4万8000円が課税対象になります。つまり5万円未満なので非課税文書となり、印紙税は課税されず、印紙を貼る必要はありません。

②営業に関係ない領収書の場合

たとえば、慰謝料などプライベートな内容で高い金額を支払ったときは、収入印紙を貼る必要はありません。ここにいう「営業」とは、営利を目的として同じ種類の行為を続けて行うことです。個人が商売をやっているのは営業ですが、個人のプライベートな行為は営業ではありません。

7 ネットでの購入はプリントした領収書でいい？

領収書は、代金を受けた側が発行する書類です。代金を受けた人が発行したものでなければ、領収書とは言えません。

しかし、今はネット通販で商品を購入することが多い時代です。インターネット上で購入したものについて、領収書をきちんと書面でもらおうとすると、手続きが面倒だったり、時間がかかることもあります。

もし、**通販サイトで領収書の印刷画面がある場合には、その画面をプリントしたものでも、領収書の代わりになります。**

実際にアマゾンでは、購入履歴から「領収書」を表示できます。これには、購入日、金額、購入内容、発送日、アマゾンが発行元であること、支払い者の情報まで表示されているため、情報量としては十分なものです。

このほかにも、正式な領収書ではありませんが、**取引内容の確認メールや取引画面をプリントしたものも、領収書の代わりになります。**そこには、注文日、注文内容、金額、決済方法、支払い者の名前など、領収書と同じ情報が載っています。

領収書だと、本人が実際に払ったのかどうかわかりませんが、ネット通販の場合は、このような情報から、間違いなく本人が支払ったものであることを証明できるため、むしろ情報としては領収書よりはるかに確実です。

注意したいのは、**「納品書」は領収書の代わりにならない**ということです。代金を支払った証明にはならないからです。ただし、**代引きで買ったときは、納品書と、宅配業者が渡してくれる受領書をセットにして保管することで、領収書の代わりになります。**

あなたは、支出の内容が証明できればいいので、領収書の発行形態にとらわれることはありません。正式な領収書でなくても、支払った日付、金額、購入内容がわかればいいのです。

8

昨年の領収書が出てきたけど使える？

確定申告に向けて領収書を整理していたら、

「おととしの領収書が出てきた！」

「昨年の領収書が出てきた！」

なんて経験はありませんか？　なんとなく、「直近1年間のものであれば、今回の確定申告の経費に入れても問題ないのではないか？」と軽い気持ちで入れてしまう方も多いと思います。


しかし、それを認めてしまうと、正しい収支計算ができなくなってしまいます。確定申告の事業年度は1～12月と決まっています。それ以外の期間のものは、もうその年には計上できません。

では、**昨年、一昨年の領収書は使えないのかというと、そんなことはありません。**

そのときは、支出の再計算をして「更正の請求」をすれば、支払った税金を戻してもらうことができます。なお、更正の請求ができるのは、法定申告期限から5年以内のものに限られます。

更正の請求をするということは、当初申告時の税額の計算が間違っていたということなので、間違いの原因を税金を納める側が証明する必要があります。そのため、「更正の請求書」には証拠資料を添えます。

税務署としては、納税者自身が計算して申告・納税したものを返すわけですから、そう簡単には返金に応じることができません。そのため、こちらとしては「更正の請求に至った経緯」を詳しくきちんと書いて、裏付けとなる証拠資料を添付する必要があるのです。

これらを税務署に提出すると、早ければ数週間で連絡がきます。とくに問題がなければ、自宅に「更正通知書」が届きます。あるいは税務署からの連絡で、もう少し求められる書類があれば、速やかに提出しましょう。

9 領収書はいつまで保存しておけばいい？

確定申告は、1年間に収める税金を確定するために行うものです。そのため、収入と支出を明らかにする必要があります。その支出を証明するのが「領収書」というわけです。

しかしこの領収書は、確定申告書と一緒に提出するわけではありません。あなたが保管しておいて、もし税務調査が入ったときには見せることになります。

そのときに証明する責任は税金を納める側にあるため、証拠書類を捨ててしまっては法令違反となり、後悔することになります。

では、どのくらいの期間保管しておくべきなのでしょう。法律で決まっている保存期間は次の通りです。

〈書類の保存が必要な期間〉

帳簿（日々の取引を記録する家計簿のようなもの）

・法定帳簿（収入金額や必要経費を記したもの）……………7年

・任意帳簿（仕事に関してつくった上記以外の帳簿）…………5年

書類（領収書や請求書）…………………………………………5年

白色申告であっても、2014年から、記帳することが義務づけられました。記帳しなかったことへの罰則はありませんが、税務調査が入ったときには、不利になることがあるかもしれません。

帳簿がなくても、計算した根拠となる領収書・レシートがあれば、乗り切れることもあります。

したがって、**領収書などの保存期間は5年ですが、7年保存の帳簿もあるので、すべて7年保存しておけば万全といえます。**

帳簿というと難しそうですが、仕事に関する収入と支出の記録を、家計簿を付ける気持ちで、ノートに忘れずにメモしていくといいでしょう。

10 経費はいくらまで使えるの？

「経費って、いくらまで認められるのだろう」と心配する方もいるでしょうが、上限はありません。**仕事で必要なものであれば、全額経費にできます。**

ただ、300万円の売上げしかないのに、それを上回る経費を計上していると、税務署としては「売上げがないのに、どうやって生活しているのか」「お金はどこから捻出しているのか」と疑問を持ちます。

そうすると、「過剰な経費が計上されているのではないか」「売上げを隠しているのではないか」ということで、税務調査に発展するケースもあります。

開業初年度ならまだしも、そのあとも毎年赤字を継続しているのは要注意です。

経費に上限はありませんが、実際には、①何のためにいくら使ったか（仕事に関係する支出かどうか）、②どこで使ったか、③どのくらいの頻度で使ったのか、④支払い

の事実があるか、ということをメモに残し整理して、まずは自分で経費として認められるものか判断してください。

半年や、1年も前の領収書の内容までは、覚えていられないかもしれません。であれば、領収書の裏に、利用目的や人数などの情報を書き込んでおくといいでしょう。

経費は、あくまでも仕事をするうえで必要なコストです。コストをかけているので、売上げにつなげないと儲けは出ません。経費を使えば税金は少なくなりますが、その分儲けは減り、手元の資金も減ります。

開業当初は、人脈を広げるために交流会や誘われた飲み会に参加したり、名前を覚えてもらうためにプレゼントをしたり、何かとお金を使います。それが後に売上げにつながれば、使ったお金は立派な必要経費です。

「こんなにお金を使っていて、本当に売上げにつながるのか不安だ」と思うことがあっても、開業当初は投資が必要です。支出が重なり、苦しい時期もあると思いますが、正しく経費を計上することで、健全な経営ができるようになれば、仕事は成功します。

11

クレジットや電子マネーの決済はどうする？

最近では、クレジットカードや電子マネーで支払えるところが多いですね。これらキャッシュレス手段を用いるとき、

「クレジットカードについては、決済時に渡されるレシートを取っておくべきか、それともクレジットカード明細があればレシートや利用明細は捨ててもいいのか」

という質問をよくされます。

クレジットカードで決済したときは、カード会社から送られてくる請求明細書から計上してもOKです。

ただ、クレジットカードを利用したときにレシートと一緒に渡される**「ご利用明細」も保管しておきましょう。**

また、カードの請求明細には、店名しか記載されていないため、後日明細を見ても

何を購入したか思い出せないことがあります。忘れないように、レシートと利用明細はホチキス止めするなどしておいてください。

二重計上（➡㉔㉝）が心配な場合は、カードの請求明細をベースに計上し、レシートや利用明細は、内容を照合するために使えばいいでしょう。

電子マネーも同じです。レシートと利用明細を保管しておきます。ただし、電子マネーはチャージするので、あまりにも利用頻度が高い場合は、チャージした金額をベースに計上することもできます。そのときは、利用明細から計上しないように注意してください。

税務調査では、ＩＣカードの経理処理について必ず聞かれます。キャッシュレス媒体を利用している場合は、どのような経理処理をしているか答えられるようにしておきましょう。

12 1枚のレシートに自宅用が混ざっていたら？

仕事に必要なものを買いに行ったついでに、自宅のものも一緒に買うことがありますよね。レジを通す前に「会計を分けてください」と一言いえば、レシートを分けてもらえますが、うっかり言いそびれてしまうこともあると思います。

もし、**1枚のレシートに自宅で使用するものが含まれているなら、そこに取り消し線を引いて、合計金額から自宅使用分を差し引いた金額を、余白でも裏でもいいのでメモしておきます**。あるいは、市販の出金伝票に記入して、メモとしてレシートにホチキス止めしておいてもいいでしょう（➡5 23 55）。

収入と支出の帳簿を付けているなら、自宅使用分を差し引いた金額だけを書けばOKです。レシートの内訳部分の、仕事用に買った品物のところにマーカーを引いておく方法でも大丈夫です。

仕事用の分だけの領収書を書いてもらう方法もありますが、領収書発行のルールがお店ごとに決まっているため、難しいかもしれません。お店に断られたときは、無理に発行してもらわなくても、上記の方法で使ったものがわかるようにしておきます。

レシートに取り消し線を引いたりマーカーを使う作業は、記憶の新しいときにしておきましょう。「後でやろう」と放っておくと、いざ確定申告のときに忘れてしまいます。

生活用品は経費になりません。万が一税務調査が入ったときに、生活用品が多数見受けられると、「この人は仕事とプライベートの線引きができていない」と思われかねません。そうすると、ほかの部分ではしっかり処理していても、全体の心証が悪くなってしまいます。

支出の証明は、税金を納める側が行うものです。「そのとき買ったものが、仕事用かプライベート用かなんて、覚えていない」なんてことがないように、仕事用に買ったものは内容をはっきりさせて管理するクセをつけておきましょう。

13

個人にも税務調査は入る？

「税務調査は、年収が1000万円以下なら来ないだろう」と、たかをくっている人がいますが、**年収500万円であろうが、税務調査が入ることはザラにあります。**税務調査では、売上げを過少申告したり、仕事に関係のない経費を計上したりしていないかどうかをチェックして、違反していると追徴金が発生します。

税務調査には通常、税務署の職員が2名来ます。調査対象期間は、直近の過去3年分であることが多く、最長で7年分が調査の対象になります。

あなたの仕事場に来て調査するときは、午前中から始まり、仕事内容から経理状況まで詳しく聞かれます。午後からは書類などの確認作業をして、疑問点があれば質問され、請求書や領収書の原本を見せることになります。そして、請求書や領収書の発行先に問い合わせて裏を取ります。調査自体はだいたい夕方頃には終わります。

1日目の調査状況によっては、翌日も続くこともあります。そのあとは電話やFAXでやりとりし、不審点について両者で落としどころが決まれば、修正申告書を提出し、追加納税すると、税務署から調査完了通知書が送られてきて、調査は完了します。

事前になんの準備もせずに税務調査を迎えると、場合によっては多くの税金が取られることにもなりかねません。税務署から税務調査をするという連絡があったら、指摘されそうなところを予測して、対応策を考えておきましょう。

検討がつかない場合には、税理士に立会いをお願いする手もあります。

原則として、税務調査は、税務署からあなたや代理人である税理士に、電話で日程の連絡があります。たまに、事前に連絡がなく調査に来ることもあります。しかし出張の予定が入っていたり、店の対応に追われているなど、正当な理由があれば日を改めてもらえます。都合の悪いときは、延期してもらうように交渉してもいいでしょう。

column ● 1

芸能人に入った税務調査

芸能人は、所属している事務所にもよりますが、給与でもらっていたり、報酬でもらっていたりとマチマチです。

ただ、テレビで頻繁に見かける芸能人は、それなりの収入を得ている方です。売れっ子さんは、収入源が複数あることがほとんどですから、テレビの露出が多いのに申告していない場合や、収入と比較して経費が多いと、税務署はすぐにやってきます。

芸能人の経費の按分は難しく、とくに論点になりやすいのが、「衣装代」や「飲食代」です。

多数のレギュラー番組に出演しているKさんは、2005年に約

1500万円の申告漏れを指摘されました。関係者によると、番組などで使っていた衣装などの服飾品を経費としていたけれど、一部は芸能活動と直接関係のないプライベートな服飾品があったと判断され、経費の一部が否認されました。Kさんには1997年にも税務調査が入っています。

また、2012年に税務調査に入られたBさんは、過去20年続けていた自分の植毛にかかった費用を経費として計上していましたが、美容整形と同じ種類のものとされ、経費として認められませんでした。

芸能人は、社会的影響力が大きいため、脱税や申告漏れについては、メディアを通じて世の中にあっという間に広がります。

マイナスイメージを避けるためにも、適正な申告・納税を心がけて、納税者として模範になっていただきたいですね。

第1章 接待交際費

14 接待交際費、会議費、福利厚生費は分けたほうがいい？

《接待交際費》《会議費》《福利厚生費》の勘定科目は、混同しやすいですが、分けられるものは分けたほうがいいでしょう。なぜなら、1つにまとめると金額が大きくなって、特定の科目が目立つからです。

目立つ科目は、「なぜこんなに多いのだろう」と、税務署が注目することになります。それだけで税務調査が来るというわけでもないのですが、できるだけ税務署の担当者に「調べてみようか」と思われない申告書に仕上げたほうがいいです。そのためにも、分けられる勘定科目は分けましょう。

①《接待交際費》

得意先や仕事と関係のある人を接待したり、品物を贈ったりするときにかかる費用です。金額に上限はありませんが、常識の範囲内であることは求められます。

②《会議費》

会議のときにかかった費用のことで、たとえば打ち合わせのために入った喫茶店代や、こちらまで来ていただいたときにお客様に出す飲み物や茶菓子代などです。

③《福利厚生費》

社員食堂、給食、社宅、ユニフォーム、社内の託児所、社員旅行、新年会、忘年会など、社員の福利厚生に関する費用の一部を会社が負担するものです。

ただ、フリーランスのあなたは、いわば経営者ですから、自分のために福利厚生を行うというのは不自然です。衣食住に関する費用は生活費の一部ですから、経費にはなりません。

《接待交際費》《会議費》《福利厚生費》という言葉の意味は、会社でもフリーランスでも同じです。しかし、フリーランスのこれらの経費は、生活費と重なることが多いため、仕事上必要な経費であって、生活費とはっきり分けられるものだけが、経費になることになっています。

15 割り勘での支払いはどうしたらいいの？

割り勘というと、数名で飲食店に入り、合計金額を人数で割って出し合う場合や、それぞれが自分が食べたものの代金を支払う場合がありますね。

その飲食の場に、どんな目的で誰が参加したのかによって、経費にできるかできないかが変わってくるので、《接待交際費》になるのか生活費なのかという判断が、第1ステップとなります。

飲食代をはじめとする衣食住に関わる費用は、仕事に必要な部分と生活費の部分を明確に区分できないと、《接待交際費》として経費になりません。

割り勘の領収書は、それぞれが支払えばお店が領収書を書いてくれます。人数割りした場合でも、お願いすれば分割した領収書を発行してもらえます。「割り勘だから領収書はもらえない」とあきらめる前に、店の人にお願いしてみましょう。

それでも、お店が合計金額の領収書1枚しか書いてくれなかったとき、あなた一人が領収書をもらってきて、合計金額を経費にしてはいけません。

負担したのは合計金額のうち自分の分だけですから、メンバーや、その目的を踏まえたうえで《接待交際費》としてOKといえる内容であるとしても、自分が払った金額だけしか経費にできません。

自分が負担していないのに、合計金額を経費にするのは不正行為です。他人から領収書をもらって、あたかも自分が払ったかのように見せて経費にしようというのと同じです。

接待交際費だけでなく、**どの勘定科目でも、自分が負担した金額だけが経費になる**というのが大前提です。

16

仕事仲間と飲み会をしたら？

仕事仲間や同業者、仕入先などとの飲み会代が、経費になるかならないか。判断のポイントは、飲み会が仕事上必要かどうかであり、具体的には次の3つになります。

①飲み会の目的

特定の仕事に関する指導や助言をもらうためとか、仕事を回してもらったお礼のためにごちそうしたとかいう目的であれば、売上げに関係するので仕事と関連がありま す。この場合は《接待交際費》となります。

しかし、**あなたが関わった仕事の打ち上げ会、忘年会、情報交換会などは、仕事上必要かどうかが明確ではないので、経費になりません。**

②飲み会の内容

内容の判断はとても悩ましい問題で、ケースバイケースで判断するしかありません。目的と同様に、飲み会の場合、生活費と仕事に必要な部分を明確に分けられるかどうかも、経費にできるポイントになります。

では、その飲み会に、相手の家族が参加した場合はどうでしょうか。一般的に衣食住に関係する費用でも、仕事に関連するものであれば、生活費との区分が明確にできることを条件に、《接待交際費》にできます。相手の家族も接待相手であると考えられるので、相手家族がいること自体で、経費が否認されることはないでしょう。

反対に、自分の家族が参加した場合には、食べたものの明細がわかるレシートをもらって、家族の分は抜くぐらいの努力は必要です。

③飲み会の費用負担

だれが負担したのかも判断要素になります。仕事仲間なので、全額だれかのおごりというよりも、割り勘や、自分の分は自分が払うことが多いでしょう。全員の分をあなたが集金して代表して支払い、一枚のレシートをもらっても、全額を経費にすることはできません。

17 カフェやファミレスで一人で仕事をしたら？

食事代は、だれにでもかかる費用であって、生活費の範囲となるため、通常は経費になりません。

たとえば、お客様を訪問している間に時間ができたので、ファミリーレストランで一人でランチをしながら事務仕事もした、というような場合。これは生活費との区別がはっきりしないので、経費とすることは難しくなります。

他方、たとえば飲食店の評論家や飲食系のライターなど、その場所で飲食することが仕事と直接関係する場合には、《取材費》として経費にできます。

ただその場合でも、仕事をするうえで直接必要なことであり、生活費と明確に分けられることが必要です。

特定のオフィスを持たず、カフェやファミリーレストランを主な仕事場として活動しているノマドワーカーや、自宅やオフィスで仕事をできない理由があって、**カフェという場が必要な場合には、飲み物代程度はオフィスの家賃代の代わりとして《会議費》として経費にできます。**

その飲み物代を経費にしようというときは、レシートや領収書を保存するときに、少なくとも、どのような理由で、どの仕事をするために必要であったかを、余白にでもメモしておくようにしましょう。

しかし、生活費と考えられている食事代の部分は、経費にはできないので注意してください。

また、ブログやＳＮＳで飲食関係の発信をして、広告収入などを得ている場合には、《広告宣伝費》として経費にできます。

これに対して、リア充のアピール目的でインスタにアップする写真を撮るために入ったカフェ代は、経費になりません。これも生活費の範囲です。

18 取引先とゴルフやディズニーランドに行ったら？

取引先と接待ゴルフや、ディズニーランド、水族館などのレジャー施設に行ったときの費用が経費になるかどうかは、次の3つの条件しだいで決まります。

①接待の相手とはどのような関係か

接待の相手が、お客様、得意先の場合は、その接待が仕事上必要であることを明確にすることが比較的容易で、《接待交際費》になる場合が多いです。しかし同業者、仕事仲間となると、仕事との関連性を示すことは、得意先の場合よりも難しくなります。なぜかというと、同業者を接待しても、それだけで売上げはあがらないからです。

②接待の目的と内容は仕事に関係しているか

接待の目的については、仕事との関連性を示す必要があります。つまり、その経費が売上げにどのように関係するかということです。

接待の内容については、同業者との情報交換とか、仲良くなって将来お客さんを紹介してもらうというレベルでは、仕事との関連性が明確でないため、認められません。

③その費用は生活費と明確に分けられるか

生活費と仕事に必要な部分を明確に分けられなければ、経費にすることはできません。分けられるかどうかは、相手、目的、行先などで異なってくるので、《接待交際費》にできるかどうかも個別判断です。

ただ、ゴルフ中にインタビューした記事を書くためとか、特定の仕事に関する助言をもらうために必要という場合は、業務関連性があるので、《取材費》となります。

以上すべての条件をクリアして、《接待交際費》であると判断できれば、相手のゴルフ代も自分のゴルフ代も、ゴルフ場までの旅費交通費も、相手に持たせたお土産代までも、経費にすることができます。

19

取引先をキャバクラや風俗店に接待したら？

取引先の接待が仕事上どうしても必要で、生活費と分けられるならば、**キャバクラの費用は《接待交際費》にできます**。通常の居酒屋より高額になりますが、それでも常識の範囲内の金額であれば大丈夫でしょう。

キャバクラの場合、通常、仕事の話もできる環境だと考えられるので、接待の相手を明らかにすれば、経費にできるでしょう。レシートでも、手書きの領収書でも、金額、日付、店名が入っているものを発行してもらいましょう。

しかし、仕事と直接関係がなく、単に取引先を一緒に連れて行ったキャバクラの場合は、それぞれ個人の遊興費、すなわち生活費の一部となるので、経費になりません。

それに対して**風俗店での接待の費用は、《接待交際費》としての経費には一切なりません**。社会通念上、仕事の話ができないような場所での接待は、仕事に必要とは認められないからです。

しかし接待目的ではなく、たとえば風俗ライターが実際に足を運んで記事を書く必要があるときには、仕事そのものであるとして《取材費》にできます。

ただ、そのときでも領収書を保管して、生活費と分けておく必要があります。

20 商品券を買って取引先に贈ったら？

たくさん仕事をいただいたからとか、仕事にとても協力してもらったからという理由で、謝礼として商品券を贈ることがありますね。

商品券といっても、デパートで利用できる商品券、加盟店ならどこでも利用できるクレジット会社の商品券、コンビニで利用できるクオカード、書店で使える図書カード、あるいはビール券などいろいろです。

仕事上その**必要性が明確であれば、《接待交際費》として経費にできます。**

ただし、商品券も、飲食代などの《接待交際費》と同様に、仕事との関連性や贈答先を明らかにすることが必要になります。商品券を購入したり贈答したりするとき、宅配便を利用すれば、相手先の名前など送付記録が残ります。手渡しするときは、相手先名をメモしておきます。

一方で、商品券というのは、購入した代金を《接待交際費》として経費に計上しておきながら、じつは金券ショップで現金化することもできます。そこを税務署員から問われて困らないように、商品券の使い道は明確にしておく必要があります。

よくあるケースとして、謝礼用に商品券をストックしておき、必要に応じていろいろな人に渡すことがあります。そのときは、相手先名、配付した日付、渡した枚数の記録と、在庫枚数の管理が大切です。

たとえば、クオカードをちょっとしたお礼用にストックしておくことはよくあります。その1枚の金額が低額であっても同じです。

商品券は金券、つまり現金と同じです。商品券を贈ることは、現金を贈るのと同じことなのです。だから通信販売で購入したときは、書留など確実な方法で配送されてくるのです。商品券を買ったら、管理帳をつくって枚数を管理しましょう。

21 取引先に香典、結婚祝い、入学祝いをあげたら？

取引先への香典、結婚祝い、入学祝いは、仕事との直接関連性があれば《接待交際費》になるわけですが、人間関係を円滑にするための費用というのは、生活費との区分があいまいになりやすく、それが仕事にどのように関係するのかが問われます。

フリーランスの場合、**相手がお客様で、その方本人が亡くなったことが仕事に大きな影響を与えるというときには、香典は《接待交際費》になります**が、同業者や仕事仲間関係への香典は、経費にできないことが多いようです。

結婚祝い、入学祝いは、仕事をするうえで、相手の結婚やその家族の入学は、あなたの仕事とどのように関係するのでしょうか。

たとえば、あなたの仕事がブライダル関係とか教育関係であるなら、結婚祝いや入学祝いが、売上げに関わることもあるでしょう。このような観点から、仕事との関連性を考えて判断することが必要です。

一般的に、これらの支出には領収書が出ません。仕事との関連性と必要性の部分をはっきり示すことができ、経費にできる内容であるなら、香典返しのハガキ、案内状などを残し、渡した金額をメモしておくことです。相手がどのような関係者であるかもメモしておくといいでしょう。

金額の範囲は、上限が決められているわけではありませんが、常識の範囲内であることが求められます。冠婚葬祭は地域差がある行事ですから、ご祝儀や香典の金額相場は、地域という名の社会における常識で判断してください。

22 お客様の訪問用に手土産を買ったら？

お客様を訪問するときに手土産を持参する文化は、多くの職種で普通にあることです。取引を円滑に進めるうえで、時として手土産は、大事な役割を果たすことがあります。

仕事の話をするために訪問していることを前提とすると、**常識の範囲内の金額であれば、《接待交際費》にできます。**一般的な手土産として、お茶菓子レベルであれば相手の人数や好みで価格も変わってきますが、1回の手土産でせいぜい3000円から5000円、多くても1万円以内が相場でしょう。

高額になった場合でも、仕事との関連性を考えて、必要性が高いとなれば、経費にできます。ただ、常識の範囲内を超える、あまりに高額なものは、税務署からは単なる手土産以上の意味を持つと疑われるかもしれません。

手土産ならなんでも経費になるというわけではありません。手土産とは、常日頃の、あるいは特別の仕事でお世話になったことへの感謝の気持ちを伝えるものですから、それ以上でもそれ以下でもありません。

手土産以上の意味を持つものであれば、贈答品としての意味が違ってきます。そのときは、訪問する目的である感謝の気持ち以外の、仕事との関連性を示さないと経費としては認められません。

他方、お客様であっても仕事の話ではなく、プライベートの用事で訪問したときに持参した手土産は、仕事との関連性がないので、経費にはなりません。

いずれにしても、こうした手土産を買ったときは、まず領収書かレシートをもらい、渡した相手の名前、日付、そして目的などをメモしておくようにしましょう。

23 取引先のパーティーで参加費を払ったら?

オープニングパーティー、周年パーティー、新商品記念パーティー、誕生日パーティーなど、さまざまな理由をつけてパーティーはあちこちで年中開催されています。

そのパーティーの参加費は、参加することがあなたの売上げに関係するかどうかで《接待交際費》になるかならないかが決まります。

相手が取引先だからといって、すべてのパーティー参加費が経費にできるわけではなく、パーティーの内容で判断することになります。

「仕事と関係がないパーティーだけど、取引先に誘われて仕方なく……」というものは、経費になりません。反対に、**仕事に関係するパーティーであれば、参加費はもちろん、交通費も経費になります。**

職種や取引先とのかかわり方によって結果に差がでるので、ケースバイケースで判断するしかありません。

仕事上の経費として認められる場合、支払い方と領収書については、次のようになります。

①会費制の場合

支払った会費分が経費になります。領収書が出れば保管しておきましょう。領収書が出ない場合には、招待状、案内状などで、日時、会費、どのような内容のパーティーかわかるようにして、出金伝票（➡❺⓬㊺）とともに保管するようにしましょう。

②会費制でなく祝い金持参の場合

領収書は出ないので、出金伝票や案内状などの根拠書類を残しておくことで経費になります。手帳のメモもチェックされることがあるので、残しておくといいでしょう。

忘年会、新年会も同様に、通常の範囲内の金額で参加費用を負担し、仕事と関係のあるものであれば、経費になります。

column ● 2

サラリーマンの副業はバレるか

サラリーマンで副業をする人は年々増えています。厚生労働省は社会状況の変化に合わせて、２０１８年1月にモデル就業規則を改定し、国として副業を推し進めていくとしました。まだ副業を禁止している企業は多くありますが、今後はやりやすくなっていくでしょう。

サラリーマンが副業をした場合、勤務先の給与のほかに、副業をしている会社の給与が20万円を超えると、確定申告が必要です。

また、ブログ収入やネット販売などの雑所得（収入－経費）が20万円を超えても確定申告が必要です。

ただし、ネット販売の売上げが30万円でも、仕入に12万円かかっていれば所得は18万円なので、確定申告は必要ありません。ちなみに、住民税はこの20万円という基準に関係なく申告が必要です。

副業禁止の会社で副業をしているので心配な人もいるでしょう。じつは会社にバレる可能性がある副業とバレない副業があります。

バレるときというのは、会社の給与から天引きされている住民税の決定通知が会社に届いたときです。たとえば、夜にアルバイトをしていると、2つの給与を合算した金額から住民税を計算し、住民税はメインで働いている会社の給与から天引きされます。

住民税が高くなるので、副業を疑われる可能性はありますが、給与担当者が全社員の住民税をチェックするかはわからないので、必ずバレるというわけでもありません。

副業の収入を給与としてもらっていると、住民税はメインの会社からの天引きになると決まっていますが、雑所得でもらって確定申告していれば、雑所得にかかる住民税は自分で支払う方法を選択できるので、会社にバレることはありません。

第2章

旅費交通費

24 パスモ、スイカにチャージしたら？

最近、電車賃はパスモ、スイカなどの鉄道系電子マネーで支払うことが多いですね。では、電子マネーにチャージしたとき、チャージ金額が《旅費交通費》として経費になるのかというと、**チャージしたお金を使った、つまり支払ったときに経費となります**（⬇35）。

仕事でJR新宿駅から立川駅まで乗った場合、新宿で5000円をチャージした時点では「資産」で、立川で支払った473円が「経費」となるのです。切符で買うと480円ですが、電子マネーで支払った場合は、実際に支払った473円が経費です。

しかし、すべての旅費交通費から仕事で使った分を抜き出して個々に計算するのは大変な作業です。そこで、**「仕事専用の旅費交通費パスモ、スイカ」をつくり、そこに入れた金額はチャージ時点で経費とする方法が、よく使われています。**

この場合は、税務調査のときに旅費交通費以外の利用がないことを示さなくてはなりません。チャージ時点で、領収書と利用明細を発券しておきましょう。通常のパスモ、スイカでは、最大で直近１００件まで印字できます。モバイルカードなら、もっと詳しく利用履歴をプリントできます。

タクシー代も電子マネーで支払えますが、その領収書を経費として使うと、**経費の二重計上**になります。タクシー代は現金かクレジットカードで支払うようにして、電子マネーで支払ったときは経費としないようにしましょう。

注意事項として、年末に多額のチャージをしてすべて経費にするのはやめましょう。また、電子マネーで自販機の飲み物を買ったり、コンビニで買い物をしたりできるので、そういった個人的な支払いがないように、経費と生活費を明確に分ける必要もあります。

なお、パスモ、スイカ購入時に支払う５００円のデポジットは、カード解約時に戻ってくるので、経費にはなりません。

25 国内外の出張に行ったとき、どこまでが経費？

仕事で出張したときの旅費交通費、宿泊費は、仕事に直結するものなので《旅費交通費》になります。

旅行会社で航空券を購入すると、空港使用料や各国の空港税が課されている場合があります。これらは決められた費用なので、すべて経費となります。

仕事で必要なパスポート代も経費となります。もちろんパスポート取得後に出張に行ったことを示す証拠は必要です。とくに海外出張は費用が多くかかるため、税務調査ではプライベート旅行を経費としていないか確認します。旅行の目的、旅行先などで判断されますが、旅行会社の観光ツアーは観光目的なので経費になりません。

しかし、その場合でも、仕事に直接関連がある部分の旅費は経費にできます。仕事に関連があることを示す資料はしっかり保管しておきましょう。

出張に行ったときに、せっかくなので仕事ついでに観光をすることもあるでしょう。そのときの旅費は、**海外出張のほぼ全期間が仕事に関連していれば、全額を経費としてもいい**とされています。

では、出張に家族を連れて行ったらどうでしょう。配偶者があなたの仕事の専従者の場合には、仕事に必要な出張であれば旅費などは経費になります。単に同伴した子どもの旅費は経費になりません。

出張にあわせて家族旅行をしたときは、旅費のうち仕事に必要な部分だけが経費になります。旅行期間5日間のうち、3日は観光で2日は仕事という場合には、旅費の5分の2を経費とします。

旅行中の支出のうち、取引先との打ち合わせの食事代は《会議費》になりますが、家族との食事代は経費になりません。出張先で一人で食事をしたときの食事代も経費になりません。どこにいても食事はするので、食事代は生活費です。

なお、単なる観光のチケット料は経費になりませんが、デザイナーが視察で行った美術館の入館料などは《調査費》や《旅費交通費》になります。

26

出張先のホテルでクリーニングしたりマッサージを受けたら？

出張先のホテルで、疲れたのでマッサージを受けることがありますね。今日は疲れたし、明日の仕事のためにマッサージを受けた、という理由で経費にできるのでしょうか？

考えてみると、出張先でなく自宅でマッサージを受けた場合には、健康増進の生活費となるので、経費にはなりません。生活費としての費用という性質は変わらないので、出張先であるからといって経費となるわけではありません。

一方、プロスポーツ選手が遠征先でマッサージを受けた場合には、経費となる可能性があります。普通のマッサージであれば、スポーツ選手であっても生活費ですが、試合後に必要なトレーナーのマッサージのように、**仕事に必要なマッサージであれば、《健康管理費》にできます。**もちろん、仕事で必要だったことを説明できなければなりません。

では、ホテルでクリーニングをお願いしたとき、その代金は経費になるのでしょうか？

これはマッサージ代と同じく、出張先かどうかにかかわらず、そもそも経費になるものなのかということです。仕事にスーツを着て出かけ、そのまま飲み会に行ったり、場合によっては冠婚葬祭に出席することもあるでしょう。したがって、スーツのような衣服は、仕事に必要な支出にはなりません。

スーツを出張先でクリーニングをしても、普段スーツをクリーニングすることと変わらないので、生活費となり、経費にはできないということです。

ただし、料理人の調理服、芸能人の舞台衣装、ホステスのドレスなど、**仕事にしか使わない服については、経費となります。そういった場合のクリーニング代は、出張先、普段を問わず《支払手数料》にできます。**

27 仕事用の車のガソリン代、駐車場代、車検代、修理代、自動車保険料は？

仕事専用の車のガソリン代や車検代など、運行・維持に必要な費用は、すべて《旅費交通費》となります（➡㉘㉙㉚）。

でも、みなさんの多くは、プライベート用と仕事用が一緒の車でしょう。その場合は、**仕事とプライベートの割合を計算しなくてはなりません。**

駐車場代は仕事に使った領収書を分けておきます。ガソリン代、修理代、自動車保険料、自動車税は、仕事に使った走行距離や時間が、全体の何パーセントかを割り出して計算します。

なお、仕事に行く途中の駐車違反金などは、経費になりません。罰金の性質を持つ支出は経費とはならないのです。事故などで損害賠償金を支払ったときは、事故と仕事の関連性と、事故原因に故意・重大な過失があったかどうかで、違ってきます。

事故が仕事に関連するもので、故意・重大な過失がない場合には経費にできます。

無免許運転、酒気帯び運転、信号無視などによる場合は、特別な事情がないかぎり、重大な過失があったとされます。

たとえば、運送業をしている商品の配達中に起こった事故で、故意・重大な過失があれば、損害賠償金の支払いは経費にはなりません。

28 仕事の移動用に自動車を買ったら?

あなたが仕事で車を使う場合、**車にかかる費用(ガソリン代、修理代、自動車保険料、自動車税)のほとんどが経費になります。**

自家用車を仕事に使っている場合は、その分を按分して経費にできます。按分の割合は、「1カ月○kmのうち仕事に△km使った」「○時間のうち△時間使った」のように、走行距離や走行時間などで分けて、使ったあとにメモしておいてください。年末に一年分を出します。按分割合は税務調査でもめやすいのできっちり分けましょう。

車両本体価格と付属部品は、《車両運搬具》にいったん計上してから、減価償却をして経費に入れます(↓36)。

新車の耐用年数は、普通車は6年、軽自動車は4年です。あなたは定額法を使いま

自動車の経費は、次のように分けると有利になる！

購入時の費用	車両運搬具＝車両本体、付属パーツ 預託金＝リサイクル預託金 支払手数料＝名義変更手数料、車庫証明代行手数料、資金管理料金 租税公課＝自動車取得税、自動車重量税、自動車税（軽自動車税）、車庫証明費用 保険料＝自賠責保険料、任意保険料 支払利息＝ローンの金利部分のみ
日常の費用	車両費＝ガソリン代、車検代、洗車代 旅費交通費＝コインパーキング代 地代家賃＝月極駐車場代 租税公課＝自動車税（軽自動車税） 保険料＝自賠責保険料、任意保険料

す。新車を240万円で買えば、1年あたりの経費計上額は40万円となります。

ところで、4年落ちの中古車は節税対策になるという話があります。

240万円で買えば、耐用年数は残る2年。ここで「償却方法の変更承認申請手続」を税務署に出して、定額法から定率法へ変更するのです。

2年の定率法だと償却率は100％となり、購入1年目に代金の全額240万円を経費にできるのです。年の途中での購入なら月数按分となりますが、それでもかなりの金額が経費で落ちます。

29 家族の車を自分の仕事に使ったら？

仕事で配偶者の車を借りたときに、配偶者にガソリン代や修理費として支払った費用はどうなるのでしょう。

じつは、同居して生計を同じくしている親族に支払った費用は経費にならないという決まりがあります。これは、所得を同居の親族に分散して、所得税負担を減らすのを防止するためです。

ただし、**親族から車という資産をタダで借りているときに、その親族が支払った費用があなたの経費になる部分は、経費としてよい**ことになっています。

つまり、車の名義が配偶者で、ガソリン代、修理費、自動車税などの負担も配偶者がしている場合、あなたが仕事に使っている部分は経費にできるのです。

仕事に使っている部分は、走行距離や日数などで計算した割合を使えばＯＫです。

たとえば、1週間のうち平均2日は車を借りて仕事をしているのであれば、保険料などを含めた全費用の7分の2の金額を経費にできます。

では、車を購入した場合はどうでしょうか。**車が自分の名義でも配偶者の名義でも、仕事に使っていれば仕事の割合で経費にできます。**

新車なら価格は30万円以上はするので資産となり、減価償却して耐用年数で経費にします。普通車の耐用年数は6年（定額法）なので、6年で均等に償却します。

240万円の車であれば、毎年40万円が《減価償却費》です。購入した年だけは、仕事に使った月から12月までの月数で按分した金額となります。

なお中古車の減価償却は、耐用年数が短くなるので早く経費にできます（➡㉘㊱）。

4年落ちの中古車価格＝240万円

中古車の耐用年数　＝（法定耐用年数－経過年数）＋経過年数×20％

＝（6年－4年）＋4年×20％↓2・4年↓2年（端数切捨）

車をローンで購入したときは、月々の返済元金は経費となりませんが、**ローンの利息は経費になります。**

30 仕事用に自転車を買ったら？

みなさんのなかには、電車ではなく車や自転車を使って仕事場に行く人もいるでしょう。自転車は、ロードバイクや電動アシスト自転車でなければ、ほとんど10万円未満で買えます。

10万円未満であれば、購入して使い始めた年に《消耗品費》として、すべて経費にできます（➡㊱）。

このとき、プライベートでも自転車を利用している場合は、仕事で使った割合で按分して経費にします。

10万円以上の場合は資産となり、減価償却期間で経費にしていきます。

ちなみに、ロードバイクや電動アシスト自転車であっても、仕事に使っていることを示せれば、購入金額に関係なく資産として計上したあと、減価償却で経費にできます。

自転車の耐用年数は2年と決まっているので、2年で経費にしていきます。この《減価償却費》として経費にする場合にも、仕事に使う割合で按分します。

自転車の維持・修理の費用も経費となります。修理代は、その費用のうち仕事に使う割合が経費となります。タイヤの交換代なども同じです。

自転車の駐輪場を借りている場合も、**駐輪代は経費となります**。プライベートでも利用している自転車であっても、仕事で月極の駐輪場を借りなくてはならない場合には、仕事をするのに必要なので、すべて経費になります。ただし、自宅の駐輪場は、プライベート利用もしていることになるので、仕事の割合で按分します。

31 出張の飛行機をビジネスクラスにしたら？

国内外の出張時に飛行機を利用したとき、その航空運賃は《旅費交通費》として経費となります。

会社には出張旅費規定があって、職務内容や職位などから、出張に通常必要とされる費用は、《旅費交通費》として支給されます。たとえば、社長はファーストクラス、取締役はビジネスクラス、一般社員はエコノミークラスといった段階を設けたりします。

ではフリーランスの場合はどうかというと、会社内の社員間バランスなどというのは考える必要がなく、「ビジネスクラスに乗ることが、その仕事上必要なのか」という一点です。

ファーストクラスやビジネスクラスでは空港の専用ラウンジが使えて、機内もゆったりしているので、仕事もはかどります。**空港でも機上でも仕事をしなければならない状況にあった場合や、エコノミークラスが空いておらず、ビジネスクラスしかとれない場合は、ビジネスクラスの費用は経費とすることができます。**

仕事のためでなくても、たとえば体調が悪いとか、体に障害があってエコノミークラスでは具合が悪いという場合にも、高めの費用を支払って上のクラスを購入した理由になります。

税務調査では、税務署の担当者から「ビジネスクラスの費用は高額のため、仕事に必要ないのでは？」と指摘されることがあります。そのため、ビジネスクラスを利用することが必要であったことを示せるようにしておきましょう。

32

書斎代わりに新幹線を使ったら？

サラリーマンの中には、新幹線で通勤する人もいて、通勤手当は給与と一緒に支給されます。この通勤費には非課税の限度額があり、交通機関を利用した通勤用定期券は、月15万円まではＯＫです。自動車や自転車を利用する場合には、別の限度額が決められています。

それらの上限を超えると、超えた部分については、会社側は給与として源泉徴収しなくてはなりません。そのため、非課税の限度額までを通勤手当として支給する会社がほとんどです。会社側からすると、非課税限度額内の通勤費は、旅費交通費や通勤費として経費となります。

さて、みなさんの中にも、新幹線で移動している人はいると思います。フリーランスのシステムエンジニアなどは、仕事で遠距離の職場に行かなくてはならないことがよくあります。そのようなとき、新幹線で座って仕事をしながら行くでしょう。

そういった場合の新幹線代は、仕事に行くために必要な旅費交通費なので、**金額の上限なく《旅費交通費》として経費になります**。

普段は電車で通勤しているけど、長い乗車中も座って仕事をするために新幹線を書斎代わりにしている人、机に向かってじっと考えているときよりも移動時間中にアイデアが出る人も多いようです。

みなさんは、移動するときに旅費交通費が支給されているわけではないので、仕事に関係する旅費交通費は、電車であっても新幹線であっても、すべて《旅費交通費》となります。注意したいのは、新幹線代は多額になり、税務調査が入ったときには指摘を受けることも多いので、移動に必要な理由を説明できるようにしておくことです。

ただ、プライベート旅行で目的地までの新幹線内で仕事をしていたからといっても、その分を経費とすることはできません。なぜなら、仕事のために必要な経費とはいえないからです。

33

接待の帰りにタクシーを使ったら？

タクシー代は、仕事で移動する場合は経費になります。ほとんどの場合、電車移動よりもタクシー移動のほうが高くなりますが、**仕事先までタクシーを利用していれば、電車かタクシーかは関係なく経費となります。**

取引先を食事接待するときに、取引先のタクシー代を負担することがあります。これも経費となります。しかし、これは接待の一部なので、勘定科目は《旅費交通費》ではなく《接待交際費》となります。

法人には《接待交際費》が経費となる金額や内容に制限がありますが、あなたにはありません。《旅費交通費》として計算しても経費になることに違いはありませんが、接待で使ったときは通常の《旅費交通費》と分けてメモしておくのがいいでしょう。

逆に、あなたが接待される側の立場で、自分で食事先までのタクシー代を支払ったときは《旅費交通費》となります。接待を受けた帰りに使ったタクシー代も同じです。

接待で帰る時間が遅くなり、終電がない場合はもちろんタクシーを利用します。しかし、終電がまだある場合や定期券の範囲内であるといった場合に、タクシーで帰宅したらどうでしょうか？

この場合は、「接待が終わり、酔っぱらって醜態を見せたら、今後の仕事に影響が出るでしょう。そのようなトラブル発生を未然に防ぐためにタクシーを利用したのです」といった合理的な理由があれば、タクシー代を経費として問題ありません。

場合によっては、ビジネスホテルなどに泊まることもあると思います。**その宿泊費も、理由があれば《旅費交通費》として問題ありません。**

なお、電車やバスなどの定期券を持っているのに、その定期券の区間内の電車やバスを利用したときは経費とはなりません。スイカに定期券の設定をしておき、その履歴を確認すれば大丈夫ですが、経費が二重計上とならないようにしましょう。

34 ビジネスホテルに週単位で予約して余ったら？

営業職の人、SEの人、建設業に従事する人などはその地に滞在することが多く、マンスリーマンションを借りて仕事をすることは珍しくありません。

仕事で出張した先のホテルの宿泊費は、《旅費交通費》になります。2週間などの長い出張になるので、週単位で宿泊の予約をして支払いをすませたところ、早めに仕事が終わった場合、**余った日数分を返金してもらい、自宅に戻るのであれば、返金分を支払った宿泊費から差し引いて経費にします。**

返金してもらうのではなく、せっかくなので余った日数は観光して帰ってくるとします。その日数は仕事に必要な宿泊ではなく、プライベート利用なので、経費にはできません。

観光をする中で、視察に行ったり、取引先と食事をしたりした費用は経費になります。余った日数をプライベート利用した場合にも、出張の目的は仕事ですから、出張先から自宅への《旅費交通費》は経費となります。

では、2、3カ月などの長期で出張してビジネスホテルに宿泊した場合の宿泊費は経費になるのでしょうか。**2、3カ月ともなると、仕事をしていない日数も宿泊費に含まれてきます**。

この場合、仕事をしていない日についても、合理的な理由があれば、経費として問題はありません。出張先から自宅へ戻り、また出張先へ行く旅費交通費のほうが高い場合や、出張先で急な仕事が入るかもしれず自宅には帰れない場合などです。

そのような理由がなければ、土日や仕事をしていない日の宿泊費は経費から除外してください。忘れないようにスケジュール帳などにメモしておきましょう。

35 金券ショップで新幹線切符を割安で買ったら？

新幹線の切符は、みどりの窓口や券売機で買う以外に、街中の金券ショップで安く手に入れることもあります。このような場合は、**実際に支払った金額を経費とします。**

正規の新幹線代とは異なるので、金券ショップで領収書をもらえばいいわけです。

しかし、新幹線のチケットとなると高額となることも多く、3万円を超える領収書には収入印紙が必要となることから、金券ショップに領収書の発行を断られることもあるようです。

そういうときは、クレジットカードで購入すれば、利用明細を領収書の代わりにできます。インターネット上の金券ショップで買うこともできますが、領収書の発行方法はショップごとに異なります。

このように、金券ショップで購入するときは、領収書の発行を事前に確認しておく必要があります。

また、JRは新幹線・特急列車などの割引切符を販売しています。このようなお得な割引切符を買ったときも、みどりの窓口や券売機で、領収書を発行してもらいましょう。

新幹線の旅費交通費は金額が大きくなることから、税務調査でチェックされるポイントとなります。行き先や、行った目的が仕事と関係があることをわかるようにしておくことが大切です。宿泊が伴う出張であれば、その宿泊費を旅費交通費と紐づけできるようにしておきましょう。

月に2～3回は新幹線で出張するからと、回数券で購入することもあります。それは**購入代金が一括で経費になるのではなく、利用したときに経費となります**。年内にすべて利用したのであれば、そこまで厳密でなく、購入時に経費としてもいいのですが、12月末時点で残っている未使用の回数券は、翌年に回すことになります（➡㉔）。

column ● 3

ふるさと納税は損か得か

自分のふるさとや応援したい地方自治体に寄附ができる「ふるさと納税」は、納税とはいっても実際は自治体への寄附です。

地域の名産品などのお礼の品がもらえることもあり、多くの人が利用しています。お礼の品を見て、いままで知らなかった自治体の名産品を知る機会にもなります。また、自分が寄附の使い道を選べる自治体もあり、自治体の取り組みを支援しているという実感を得ることもできます。

一般的に、寄附金の一部は所得税・住民税から控除されますが、ふるさと納税は原則として自己負担額から2000円を除いた全額が控除の対象となります。フリーランスの方は、確定申告でふるさと納税の申告を忘れないようにしましょう。

寄附して特産品をもらうと、自治体から経済的利益を受けたことになるので、税務上は一時所得になります。一時所得の金額は、「一時所得にかかる総収入金額－収入を得るために支出した金額の合計額－50万円」で計算します。

ふるさと納税は寄附なので、「収入を得るために支出した金額」ではありません。ですから、「一時所得にかかる総収入金額」が50万円以内であれば、一時所得は発生せず、申告はいりません。

「総収入金額」とは、ふるさと納税の返礼品がいくらかということですが、その金額はわからないため、総務省は寄附金に対する返戻率を3割として、これを上限としています。この3割という数字を使って申告することになります。

たとえば、300万円のふるさと納税をしたときは、「300万円×30％－50万円＝40万円」が一時所得となります。多額のふるさと納税をする場合は注意しましょう。

第3章

備品、消耗品費、減価償却費

36 減価償却って何だろう？

事務所や店で使う仕事用のものの中には、機械や備品など1年以上にわたって使うものがあります。しかし、時間がたつと性能が落ち、入れ替えるときがきます。

このように1年以上使い、時の経過で価値が下がっていく資産を「減価償却資産」といい、一定期間（耐用年数）にわたり毎年経費に計上していくことになっています。この手続きを「減価償却」というわけです。

「使える期間が1年未満」のものか、「取得価額が10万円未満」のものは、《消耗品費》として、一括で経費にできます。「取得価額」とは、「購入代金＋運送料＋購入手数料＋取付費など付随する費用」の合計です。

10万円以上になると、いったん資産に計上してから減価償却をして《減価償却費》という経費にします。

主な資産の耐用年数

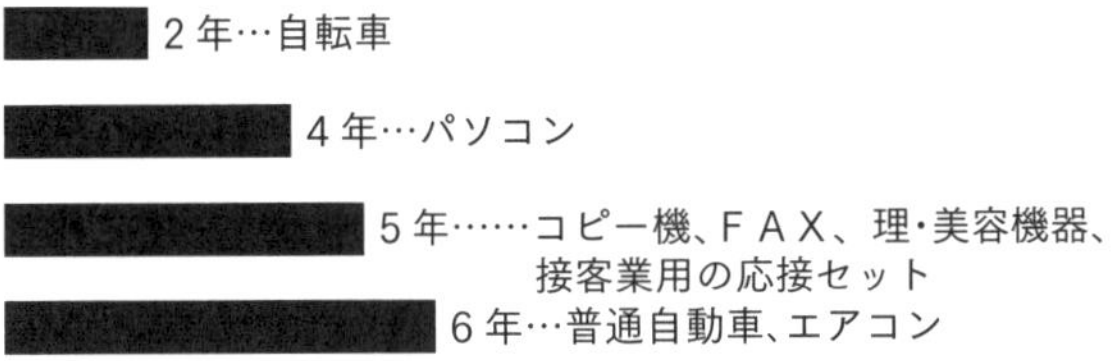

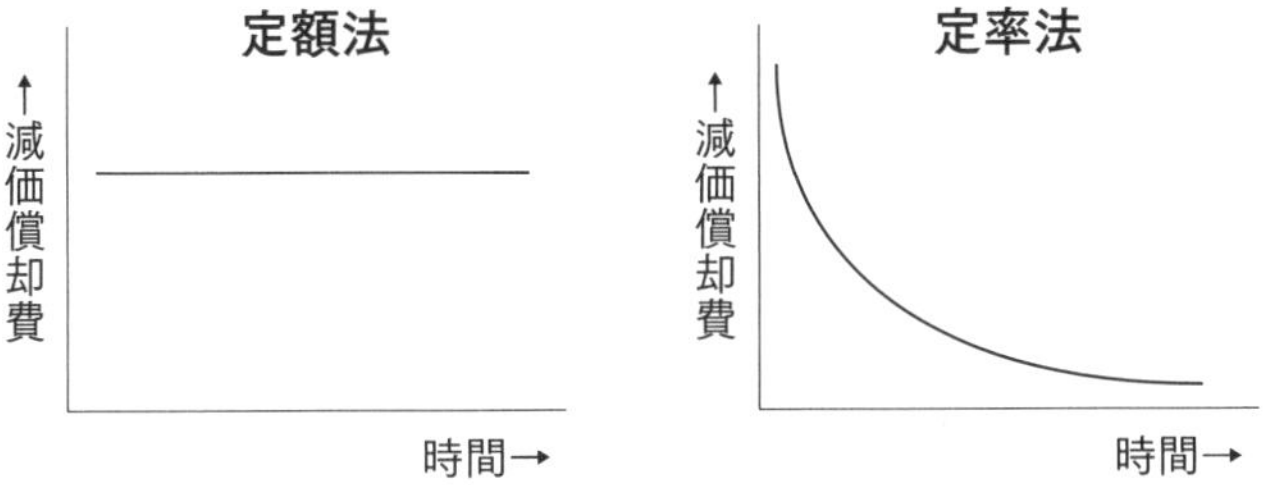

減価償却の方法は、あなたの場合は、毎年同じ金額を減らしていく「定額法」を使うのが原則ですが、高額の車、機械などは早い時期に多くの金額を経費にできる「定率法」を選べます。定率法でやってみようという人は税務署に相談してください。

その計算に使う耐用年数は、国税庁のHPにありますが、税務署でも教えてもらえます（上図参照）。

なお、取得価額が10万円以上20万円未満のものは、3年間で均等に償却できます。パソコンなど耐用年数が4〜6年のものは3年間で全額経費になるので節税になります（➡39）。

37 パソコンを買い替えたら?

事務所のパソコンは、できるだけ長く利用し、買い替えは極力避けたいところです。古いパソコンでも、メモリーやハードディスクを増設し、OSやソフトウェアをアップグレードすればそれなりに長く使えますが、パソコンの知識が必要になります。ソフトの進化と仕事の効率から、実際は3~5年で買い替えるのが一般的のようです。

36で説明したように、パソコンを新規で購入した場合、10万円未満であれば《消耗品費》として一括経費にできます。10万円以上だと資産として計上し、減価償却をする必要があります。

サーバー用として使うパソコンの耐用年数は5年、それ以外のパソコンは4年です。2台目・3台目と持つ人が増えていますが、それが仕事用なら何台あっても経費にできます。ただ、10台持っているとなると、一般的ではないので、それぞれをどこでどのように使っているか、税務署から使用状況を聞かれることがあります。

そして、ディスプレイ、キーボード、マウス、メモリ、パソコンソフト、ケーブルなどの周辺機器は、一つのセットとして合計が10万円未満であれば、全額《消耗品費》として経費になります。修理代は、《修繕費》に計上します。

では、**パソコンが壊れて廃棄することになったら**どうでしょう？　たとえば、40万円のパソコン（耐用年数4年）を2年間使ったけれど、廃棄することになったら、《減価償却費》として20万円分は1年に10万円ずつ2回（2年間）、すでに経費として申告しているわけです。でも、まだ20万円分の価値が残っているので、その20万円分を**《廃棄損》として経費にしていきます。**

また、買った価格が10万円以上20万円未満であれば、❸❾の図の［特例］に書いたように、購入金額全部を《減価償却費》として3年間かけて均等償却します。もしその期間中に廃棄しても、そのパソコンがあるかのように（！）減価償却してください。

38 高価なブランドの文房具を買ったら？

独立開業時には、印鑑セット、名刺入れ、文房具などを高級品で揃えようという人が多くいます。仕事に本当に必要で、その仕事でしか使わず、購入金額が**常識的にそれほど高額でなければ、経費にできます。**

この「常識的に考えて」というところが難しいですね。高額というならば、店のショーケースに陳列してあるのは贈答品としてよく使われ、このあたりが常識の限度内と考えられます。

印鑑だと、各種揃えた開業セットが売られています。象牙やチタン製、名人による手彫り、開運印鑑など金額はさまざまですが、通常の文具店で注文・購入できるものなら常識の範囲内でしょう。しかし、宝石のついたボールペンを持っているから契約が取れて、売上げが上がったと説明されても、個人的な趣味と言わざるをえません。

名刺入れはビジネスシーンでは欠かせないもので、超高級品もあります。プライベートで使うことがないため、全額経費にはなりますが、周囲から高すぎると言われるなら、常識的には高すぎるということです。

あなたの持つ高級品を見た人が、「細かいところに気をつかっている」と考えるでしょうか？　それとも、「こいつ儲かっているな」と感じるでしょうか？　それは業種や業界によって異なりますが、その評価が、あなたを取り巻く常識です。

売上げが少ない開業直後に高級品で揃え、《消耗品費》が多くなりすぎると、税務調査で引っかかるかもしれません。

ほかにもデスクマット、水晶のペーパーウエイト、チタン製ファイルボックスなど、文房具にもブランド品、高級品はたくさんあります。

仕事用に買ったものから個人的趣味を除いた分は経費にできます。それでも、高額なものについては領収書をとっておいて、「○○円のうち一般的には△△円なので××円を経費に計上しました」と説明できるようにしておいてください。

39 事務所の備品、調度品を買ったら？

事務所やお店では、さまざまな事務用品、家具、機械、家電を使います。仕事に関係していれば、**パソコン、タブレット端末、プリンター、ソファーセット、テーブル、エアコン、冷蔵庫、電子レンジ、テレビ、DVDレコーダー、オーディオ機器のほか、掃除機、洗濯機なども経費にできます。**

経費の計上方法は、使用可能期間が1年未満のものか、取得価額が10万円未満なら《消耗品費》で全額経費にできます。10万円以上は減価償却資産として、減価償却で経費に算入します。どの範囲までを1つの取得価額に入れて10万円の枠に収められるかですが、応接セットなどはセット単位で見ます（➡47）。

仕事で使うといっても、100％仕事用でないものは、1年のうち仕事で使った日

主な資産の原価計算

取得原価	経費にする方法	1年間の経費計算
10 万円未満	消耗品費で一括経費	全額経費
10 万円以上	耐用年数で減価償却	取得価額×（1/ 耐用年数）×（使用月数 /12）
［特例］ 10 万円以上 20 万円未満	3 年間で均等償却できる	取得価額×1/3

数を出して按分します。税理士事務所に炊飯器と洗濯機とマッサージチェアがあって、「お客様が来たときに使っている」といっても、無理があります。

どの備品、家具、家電を購入した場合にも言えることですが、「必ず仕事に使っていなければならない」のです。できれば業務日誌などでその事実を明らかにしたり、プライベート利用の割合を出した根拠も残しましょう。

高額すぎるものや書画・骨董品は注意が必要です。来客がないのに購入していれば、個人的な趣味と判断されます。

40 事務所の備品を修理したら？

パソコンやコピー機などのOA機器だけでなく、車、事務所の内装、機械・装置を修繕したら、その費用は《修繕費》として、支出した年に一括で経費にできます。

しかし、支出の内容が、OA機器などの寿命を延ばしたり、性能を上げたりするためのものであるときは、修理ではなく新しい製品を買ったのと同じことになり、その料金は《修繕費》で一括経費にするのではなく、減価償却しなければなりません。

その見分け方を、次ページの図で見てみましょう。

車の修理に50万円かかったのは、故障部分を元通りに回復したのであって、性能を上げたのではありません。

①20万円未満ではない→②3年以内のペースで修繕が必要な費用ではない→③明らかに「資本的支出」ではない→④明らかに「修繕費」である、となるので《修繕費》

修繕費になるのか減価償却になるのか

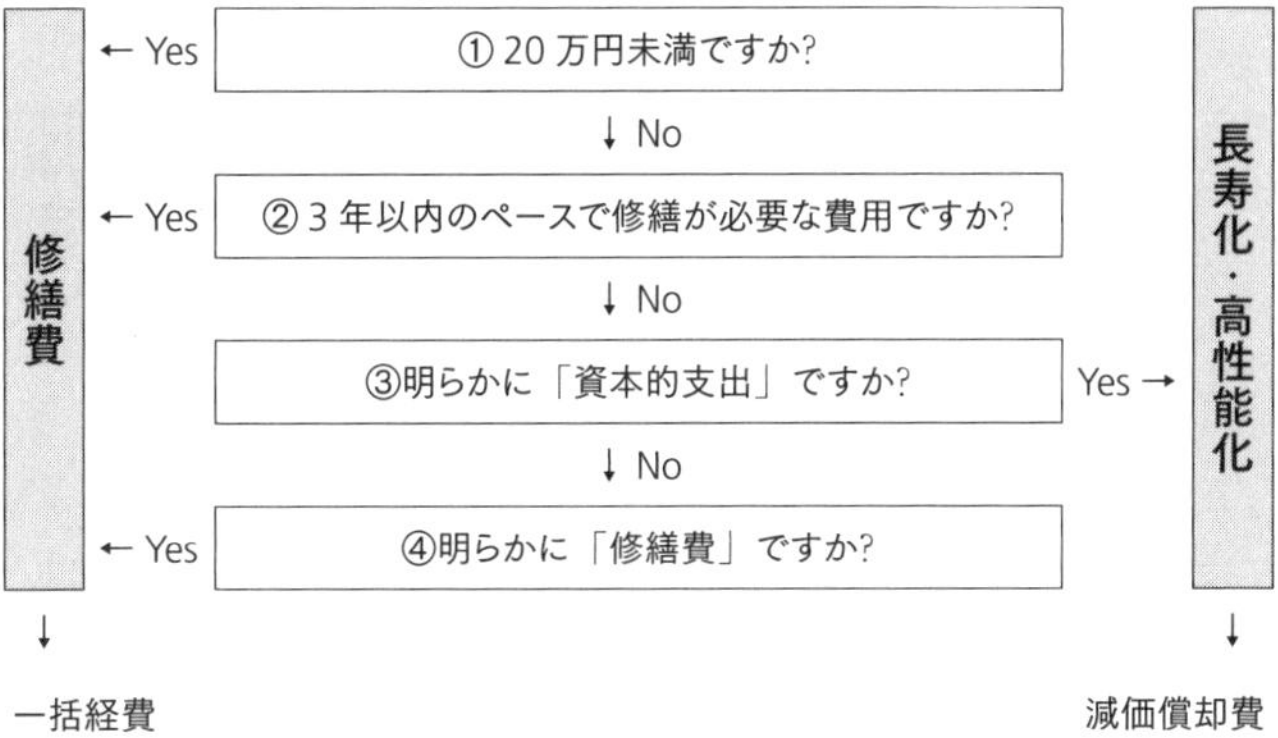

※60万円以上の場合は、どちらの区分けになるか、別の基準があるので、税務署に相談してください。

になります。

　では、自宅兼事務所のトイレを和式から洋式に19万円で交換したら、どうでしょう。

　交換の内容は、修理ではなく性能アップです。ただし、「資本的支出」となる費用でも20万円未満の少額の支出は《修繕費》とみなされます。

41 事務所にウォーターサーバー、ワインセラー、絵画を置いたら?

ウォーターサーバーは、水道がわりに使用でき、来客時にサッと温かい飲み物を出せるため、事務所や店に置いているケースは多いでしょう。でも便利で使っていると、月々のコストは低くても、1年分となると結構な金額になるものです。

これを、美容室やネイルサロンに置いているのであれば、経費で落とせます。**お客様や取引先の方が飲むための費用となるので、《接待交際費》になります。**

自宅兼事務所に置いている場合は、職種によって経費にできるかどうかが決まります。たとえば、クッキングスクールのレッスン中に使うため、ウォーターサーバーをキッチンに置いているならば、仕事で使う分だけを計算して按分となります。でも来客が少なく、ほぼ自分が飲むためであれば、経費とは認められません。

では、事務所用にワインセラーを買ったら経費になるでしょうか？　これは、個人的趣味・趣向が強いため、経費にならないと考えてください。ワインセラーを置いていることが、仕事に必要と認められないからです。

ただし、ソムリエやワインバーのオーナー、ワインに関する記事を専門で書くライターなど、ワインに関する職業であれば、仕事に使った割合で経費にできます。

保存したワインを自分で飲んでしまうのであれば、私用と割り切りましょう。ワインのような嗜好品は、「自分が飲みたいから買ったのでは？」と疑われやすいのです。

また、ちょっと変わった備品として、絵画や壺などの美術品があります。これらは、直接業務に関連しないため、経費にするには条件があります。

応接室、会議室、ロビー、エントランスなど、多くのお客様の目に触れる場所に置いているのであれば、経費にできます。10万円未満であれば《消耗品費》に、10万円以上であれば減価償却して経費にします。

ただし、自宅兼事務所に飾ってあるものは、個人的なものとみなされ、ほぼ認められません。

42 コピー機は、買うかリースにするか

コピー機をリースにするか、現金で買うかは、悩みどころです。買えば大きな金額になります。**リースなら、リース料やカウンター保守契約料は、全額経費になります。**

仕事で大型のコピー機が必要とわかっていても、買うまでの初期投資をするには、もう少し時間が必要と考える人は多いでしょう。

リース契約は新品が対象で、リース料を毎月支払います。そして、リース契約と同時にカウンター保守契約を結び、保守料金（カウンター料金）をリース料とは別に毎月支払います。

リース期間は5年間が多く、解約できません。万が一解約をする事情が発生したら、ペナルティーを払うことになります。

リースと購入を比べると、コピー機は精密機械なので、本体価格だけでなく使用期

リースにするか現金で買うか？

リース契約	○ **リース料は全額経費にできる** ○ 新品のコピー機が使える ○《修繕費》はリース会社持ち ○ トナー代はリース料込みでかからない × カウンター保守契約料は別途かかる × 途中解約はペナルティーを払う △ 自分のものにならない
現金購入	○ **減価償却で経費にできる** × **減価償却計算が面倒** × トナー代も《修繕費》も自腹 × 最初にまとまったお金が必要 △ 自分のものになる

（△リース終了後、減価償却後は性能がかなり落ちている。）

間中のトナー代、メンテナンス費、修理代などの《修繕費》を含めたコストの総額で検討する必要があります。

コピー機のトラブルで多いのは、ドラム部分や定着ユニットの不調です。部品代だけで４万円、出張費１万円、技術費５０００円というように、高額な修理代になります。ですから、ランニングコストは重要な検討材料です。

購入のほうが安く思えるかもしれませんが、ランニングコストと減価償却計算の面倒さ、リースなら経費として上限がないことなどを考えると、個人でもリースを選ぶ人が多いようです。

43 異業種交流会の参加費を払ったら？

異業種交流会は、地方自治体主催のもの、研修会とセットになっているもの、定員数の多いものから少数向けの中身の濃いものまで、さまざまな種類のものが全国各地で開催されています。

「仕事につながるような人脈をつくりたい」「ビジネスパートナーを探したい」など、仕事を意識した前向きな目的で参加する人ばかりでしょう。

このように、普段出会うことのない異業種の方との交流を広げ、情報交換や交流の目的で参加する**異業種交流会の参加費については、参加することによって売上げが増えることと直接にはつながらないので、経費にはならない可能性が高いです。**

異業種交流会で知り合った人から、後日紹介を受けて実際に売上げにつながることもありますが、その異業種交流会の参加自体は交流が目的であり、具体的な仕事に直結するものではないと考えられているのです。

ですから、仕事仲間のそのまた仲間が集まる飲み会を異業種交流会と称して開催しても、これもまた同様の理由から経費にはなりません。

異業種交流会とは少し違いますが、ロータリークラブやライオンズクラブの会費、参加費も、経費になりません。

これらに参加することで、実際にそこで知り合った人から仕事をもらえることがあったとしても、そのクラブの活動目的そのものは、あくまで個人的な一般生活者としてのものとして、仕事と直接関係を持つものではないからです。

明日の仕事を広げようという積極的な活動ではありますが、残念ながら経費とは認められていないのです。

44 政治家のパーティー券を買ったら？

フリーランスとして仕事をしていくうえで、自分が立候補しないまでも、同業者団体が推す政治家や地元の政治家などの活動に関わりを持つことは十分考えられます。

そこで、**仕事上の付き合いで、政治家のパーティー券を購入することになったとしても、その費用は経費になりません。**

そのパーティーに参加することで、関係者たちとの交流ができるかもしれないとして参加する催事の費用であっても、仕事の経費とはならないのです。

政治家の組織から直接ではなく、仕事の取引先から購入をお願いされ、仕方なく買った場合であっても、経費にはなりません。

パーティー券の購入の目的は、政治団体の資金集めの協力という意味があるので、実際には参加しないこともあるでしょう。それでも、その支出はパーティーの対価と考えられるので、参加しても参加しなくても、それは本人の仕事に関連するものとは考えられないとして、経費にならないのです。

ちなみに同業者団体の政治関係の会費も、同様の理由で仕事の経費にはなりません。

このように政治家の**パーティー券は経費にはなりませんが、政党や政治資金団体に寄附するもので、一定のものは、寄附金控除の対象になることがあります。**

その場合には、領収書と一緒に総務大臣か選挙管理委員の確認印のある「寄附金（税額）控除のための書類」が必要になります。

政治家がらみで付け加えると、政党の機関紙（誌）の定期購読の費用も、経費にはなりません。

そしてこれも、業界紙などの執筆のために参加するパーティー費用や政党機関紙（誌）購入費は《取材費》になります。

column ● 4

支払調書と源泉徴収票の違いは？

源泉徴収には「給与の源泉徴収」と「報酬の源泉徴収」があります。

「給与」は、従業員が雇われている会社からもらうお金です。

みなさんが会社に勤めていたときは、給与から所得税が天引きされていたはずです。「源泉徴収票」は、会社が発行する、給与支払額と源泉徴収した所得税額の証明書なのです。

「報酬」は、独立しているあなたが仕事を請け負うなどして受け取るお金です（取引先にとっては外注費）。

取引先はあなたの所得税を源泉徴収した残金を、口座へ振り込んでくれているはずです。報酬が１００万円以下なら10・21％で１００万円超なら20・42％が引かれています。

取引先から年明けに届く「支払調書」は、その証明になります。

ただし、これは「あった方が確定申告しやすいでしょうから、送りますね」というものなので、送ってこないこともあります。

初めて付き合う取引先だと、そこはわかりませんから、早めに送付をお願いしておきましょう。

郵送費など経費削減の傾向にある昨今、支払調書の送付を省略する会社が増えています。

どうしても送付してくれないときのために、これからは振り込まれた金額、引かれた源泉徴収額をメモしておき、支払調書が送られてこなかったときに備えて、確定申告書に記入できるようにしておきましょう。

第4章

賃借料、水道光熱費、租税公課、保険料

45 自宅兼事務所の個人との経費割合はどうする？

ＩＴの普及や働き方の多様化で、自宅を事務所・店舗・作業場として仕事をする人が増えています。事務所を借りれば、初期費用や毎月の家賃、光熱費、火災保険料などが発生し、移動時間や借りた場所によっては旅費交通費もかかります。開業したばかりならなおさら、そのようなコストや労力を節約したいものです。

だからこそ、「自宅でかかっている費用のうち、どのくらいまでなら経費として計上できるのですか」という質問をよく受けます。

自宅兼事務所を借りている場合には、支払っている《家賃》（共益費を含む）のうち、仕事で使っている面積割合だけを経費にできます。何％までならＯＫといった明確な基準はないため、自宅での使用実態に応じて算出します。

たとえば、２ＬＤＫの部屋に住んでいて、１部屋が完全な仕事場、もう１部屋の半分を資料置場として使っていて、残りのリビング、ダイニングキッチンは、たまに来客対応や作業場としても利用しているとすれば、仕事で使う割合は3割か4割程度でしょう。経験上、3割くらいになることが多く、これくらいだと税務署もあまり厳しいことを言ってきません。

実態を説明するためには、自宅の間取り図をコピーして、仕事に使っている部分に斜線を引き、それを総床面積で割ります。あくまで、実態に即して按分した面積部分だけが、経費になるということです。

自宅兼事務所・店舗・作業場が持家の場合には、「住宅ローンの利息」「固定資産税」「建物の減価償却費」のうち、仕事で使っている割合分だけが計上できます。

ただし、住宅ローンを組んで購入した自宅で仕事をしている人は、注意することがあります。

住宅ローン控除の適用要件として、床面積の50%以上を居住用に使用している必要があります。つまり、50%以上を仕事で使っていたら、住宅ローン控除が適用できなくなってしまうのです。

仮に仕事で使っているのが50％未満だとしても、住宅ローン控除の計算では、居住用に使っている部分しか控除の対象にならないため、その分控除額が少なくなってしまいます。

そのため、住宅ローン控除を１００％受けた場合の税額と、経費計上して節税できる金額を比べてみて、どちらが節税効果が高いのか比較検討してみるといいでしょう。

また、仕事に使っている割合が10％未満だと、つまり仕事でちょっと使っているレベルだと、住宅ローン控除の対象となる自宅を１００％居住用として使用しているという扱いになります。

ということは、逆に**仕事用の割合を10％未満に設定するのも、ひとつの節税対策になります。**

実際に、このやり方で経費としている方は多くいます。持家で住宅ローン控除を受けている人のなかには、意外とこのことを知らない人が多くいます。

経費として計上できる割合こそ少ないですが、まったくできないわけではないので、あきらめずに計上するようにしましょう。

《水道光熱費》も、仕事部屋の使用割合で按分します。職業柄、電化製品をかなり利用するということであれば、電気代だけ割合を変えてもＯＫです。

ただし、ガス代、水道代に関しては、もともと洗濯やお風呂など生活要素が強く、料金の大半を占めているため、経費として認められるのは１～２割くらいでしょう。

最近では、ガスを使った暖房機器もあるため、その場合は季節ごとに計上割合を変えるというようにすればＯＫです。

固定電話代、インターネット料金、Ｗｉ-Ｆｉ利用料は、仕事部屋の使用割合で按分してもいいのですが、１日の利用時間の割合で按分するほうが実態に合っています。たとえば、１日８時間、週６日利用している場合は、３割くらいを計上できます。

ティッシュやトイレットペーパー、清掃用品などのこまごましたものは、家賃の按分比率を基準に計上してもいいのですが、実状に応じて割合を考えてみてください。

46 借りた事務所の礼金、敷金、仲介手数料、引っ越し代は？

仕事で事務所を借りると、初期費用として「敷金（保証金）」「礼金」「仲介手数料」が発生します。これらは契約によって「経費にならないもの」「支払う金額によっては期間按分して経費になるもの」「一括で経費になるもの」と取り扱いが異なります。

①敷金

これはオーナーに契約期間中預けておく保証金のようなものなので、経費にはなりません。契約期間満了後に、通常の原状回復費用を差し引いた残りの金額が戻ってきます。原状回復費用は《修繕費》として経費になります。

ただ、まれに契約書に「賃貸借契約を終了する場合、または賃借人の都合で賃貸借契約を解除する場合は、敷金のうち20％は返還しない」と書いてあることがあります。そのときは、契約当初から敷金の一部が返還されないことが確定しているため、この

20%部分については繰延資産《長期前払費用》となり、5年間かけて少しずつ経費にしていきます。ただし、賃貸借期間が5年未満の場合は、賃貸借期間（契約期間）をもとに償却します。

②礼金

金額が20万円未満なら、支払い時に全額経費にできますが、20万円以上の場合は、繰延資産《長期前払費用》となり、賃貸借期間に応じて徐々に経費に計上していきます。賃貸借期間が5年以上なら5年間、5年未満なら賃貸借期間（契約期間）で費用処理します。

③仲介手数料

不動産会社への支払い時に全額経費にできます。

④引っ越し代

事務所の引っ越し代は、支払い時に全額経費にできます。

47 仕事部屋を改装したり、冷暖房機器、机、本棚を買ったら？

仕事部屋を改装したときは、費用を《修繕費》として全額経費にできます。ただし、数十万円から数百万円ものお金をかけた場合は、「一括で経費計上できるもの」と「資産計上するもの」に分ける必要があります。

「面倒だから、資産計上して減価償却してしまおう」という方もいるでしょうが、あきらめず、まず改装するときは、内装業者から請求書の明細をもらい、科目別に分けておきます。

冷暖房機器は、仕事部屋や来客用の応接間の仕事環境には必需品ですから、問題なく**《消耗品費》として経費にできます。**

机や本棚を購入した場合は、完全に仕事用として使うものであれば、**《消耗品費》として経費にできます。**

ただ、冷暖房機器も机・本棚も、購入金額によっては、購入した年に全額を経費にはできないことがあります。

税法上のルールでは、10万円以上の物品を購入したときは、減価償却していくのですが、詳細な内容を申告する必要があります（➡㊴）。

高機能な冷暖房機器は、10万円を超えるものもあります。机や本棚も、凝りはじめるとキリがありません。経費への計上ルールとして、高額すぎるものや、ヴィンテージ品は、個人的な趣味の延長として購入したものとして取り扱われ、経費として認められないでしょう。

経費にしたいなら、仕事をするうえで必要なものであるという合理的な理由が必要です。

48 火災保険料、地震保険料を払ったら？

「火災保険」への加入は強制ではなく、入居者の任意です。しかし、賃貸物件の場合、火災保険への加入を入居条件としていることが多いため、加入しなければ物件を借りること自体難しいのが現実です。

自宅購入のために住宅ローンを組む場合も、多くの銀行では火災保険への加入を必須の条件としています。

火災保険は、火災による損害だけでなく、落雷や台風、さらには盗難に至るまで、多様な補償を備えています。いろいろな不測の事態に備えられる保険であり、加入しないとそれらに対する補償を受ける機会を失うことにもなります。

「地震保険」は火災保険とセットで加入します。他人に損害を与えてしまったときの賠償責任保険までカバーしてもらえます。賃貸物件にせよ持家にせよ、家に住むのであれば、火災保険と地震保険への加入は、もはや常識であり固定コストです。

事務所を借りているときに加入する**火災保険料、地震保険料は、問題なく全額経費にできます**。自宅兼事務所として自宅を使っている場合、あるいは持家を事務所として使っている場合は、家賃と同じように按分して経費とします（➡45）。

住宅の火災保険は、最長10年の新規契約ができます。火災保険には長期契約割引があり、契約期間が長いほど割引率は大きくなるので、保険料は割安です。しかし、契約時に一括で10年分支払っても、その年に全額経費にはできません。10年間で均等に経費にしていきます。

ただし、たとえば保険期間が2年の契約の場合で、支払った日から1年以内にサービスを受けた場合や、支払い額と同額を同じ事業年度の必要経費にした場合は、支払い時点で経費にできます。

49

事業税、仕事用の車の自動車税、自動車重量税はどうなる？

税金のなかにも、次のように経費になるものがあります。

①個人事業税

これは、あなたが仕事をする事務所がある都道府県に納める税金です。あなたの仕事は、各種行政サービス（福祉・教育・警察・防災や、道路・港湾などの公共施設）を利用することで行えるので、その対価として支払うというイメージです。そのため、経費として認められます。

個人事業税は、法律で定められた70の業種の人に課税され、それぞれ税率が異なります（一部の業種の人には課税されません）。

1年間継続して事業を行っていると、290万円控除されます。ということは、所得金額が290万円以下の場合は、個人事業税は0円となり、課税されません。

②自動車税

仕事で使っている車の「自動車税」も経費になります。これは、所有している車にかかる税金です。仕事に１００％利用しているのであれば、**全額が経費になります。**

③自動車重量税

仕事で使っている車にかかるもう一つの税金に「自動車重量税」があります。本来、これは1年ごとに支払うものですが、新車登録時か車検時に、車検証の有効期間に合わせてまとめて支払っています。

2年分まとめて支払った場合でも、**一括で経費にできます。**このあたりは、たとえ期間按分していなくても、税務署もうるさいことは言ってきません。

「個人事業税」「自動車税」「自動車重量税」は《租税公課》の科目になります。

50 仕事中に駐車違反をして罰金を払ったら？

取引先との打ち合わせに車で向かい、「ちょっと用事のつもりで車を離れ、戻ってみたら駐車違反のステッカーが貼られていた」という経験はありませんか？
駐車違反をしたら、警察に交通反則金を払います。違反の程度によって金額は異なりますが、だいたい1万円～1万8000円ほど取られます。

「仕事中に生じてしまったことだし、経費になるのでは？」という質問を受けることがあります。しかし、交通反則金などの**罰金は経費になりません**。税務では、交通反則金、過料、科料、罰金など、法律違反や違法行為に対する経済的制裁を、総称して「罰科金」といいます。

罰科金を経費として認めてしまうと、制裁として払ったものなのに、その制裁の対価で節税できることになってしまいます。そのため、たとえ仕事中に交通違反をして反則金を払っても、必要経費にならないのです。

近頃は、民間の駐車監視員による取締りが主流になっているため、レッカー移動まではされることは少なくなっているようですが、交通量が多い場所は、駐車車両を放置しておくことは危険であり、車の所有者に移動させるよう連絡することが困難であると判断されると、レッカー移動が行われることがあります。

この場合、移動にかかった費用として「レッカー料金」が発生します。さらに、車両の保管料も徴収されます。移動距離によって異なりますが、だいたい1万5000円～2万円ほど取られます。

この**レッカー料金や車両保管料**も、反則金の一部だから経費にならないのでは？と思うかもしれません。

しかし、この2つは**反則金とは違って、車両の移動と保管に伴うものであるため、経費になります。**

51 クレジットカードの年会費はどうなる?

商品を仕入れるときや、備品を購入するときなど、支払い時に、なにかとクレジットカードで決済することが多い世の中になりました。

現金で決済するよりも、持ち歩くリスクが低く、支払い時期を遅らせることもでき、さらにポイントもたまるため、クレジットカードを使っていたほうがお得なことが多いのです。

利用するクレジット会社や年会費の額によって、利用できるサービスは異なります。

では、このクレジットカードの年会費は経費になるのでしょうか?

仕事用として100%使い分けているクレジットカードであれば、《支払手数料》として全額経費となります。

もし、仕事とプライベートのどちらにも利用している場合には、クレジットカードの利用明細から仕事で使ったものを抽出し、その合計金額をカード利用総額で除して、仕事に使った割合を出します。

ただ、もっと経理処理を単純にするためには、仕事専用のクレジットカードを1枚決めて利用していったほうがいいでしょう。そのほうが、年会費も100％計上できます。

クレジットカードのなかには、通常の個人カードに比べると、年会費がやや高めではありますが、ビジネス向けの特典やサービスが充実しているビジネス専用のクレジットカードがあります。

たとえば、コンシェルジュデスクが利用できるカード。接待で使える飲食店を検索して予約できたり、手土産の選定ができたり、航空券やホテルの予約も代行してくれるため、まるで秘書代わりです。

人を雇わなくても、このコンシェルジュを利用すれば、カード年会費で秘書を雇っているのとそう変わらなくなります。人手が足りない方にはいいかもしれませんね。

column ● 5

請求日と支払日が年をまたいだら？

12月に請求書を発行したけれど、仕入れてから代金を支払うまでの期間が60日のため、翌年の2月に入金されることになっている場合、いつの段階で売上げを計上すればいいのでしょう。

実際に手元にお金が入ってくるまでは、売上げに計上したくないというのが正直なところだと思います。

しかし税務の考え方は、実際の入金が翌年2月であっても、12月に売上げを計上します。商品など、物の引渡しがある場合にはその引渡しが完了したとき、サービスなどの役務提供の場合は、その役務の提供が完了したときに、請求権が発生すると考えるからです。

では、困っている外注先に12月に先払いしてあげたときはどうでしょう。

役務の提供は12月に完了していなくて、単純に今後も続けてやってもらう仕事に対する「前払金」であるため、12月に経費として計上することはできません。翌年に仕事をしてもらって、その仕事が完了したときに経費に計上します。

「売上げの計上時期」と「経費の計上時期」――いわゆる期ズレについては、税務調査では必ずチェックされます。

ついついキャッシュベースで認識しがちですが、計上時期を間違えないように気をつけましょう。

第5章

通信費、図書費、研修費

52 携帯電話の通話料に10万円もかかったら？

完全に仕事でしか使わない携帯電話の場合、通話料が10万円でも1万円でも経費になります。

最近は「カケホーダイプラン」や「ネット使い放題プラン」があり、通話料だけで10万円になるケースはまれかもしれませんが、たとえば、アプリ開発、ホームページデザイナーなど、携帯電話に関係のある職種の方は、1台ではなく、2台、3台と持ってる方もいるでしょう。

ただ、あなたのような場合は、仕事兼プライベート用として、1台持ちというのが多いと思います。**兼用の場合は、仕事に利用する割合を明確にすれば、《通信費》として経費にできます。**

プライベート兼用の場合の使用割合ですが、通話料の50％超を仕事に使っているなら、使用割合で入れることができます。 たとえば、80％を仕事に使っているなら、通話料の80％が経費になります。でも30％が仕事用なら、経費にはなりません。

ただし、50％以下でも、その必要な部分を明確に分けられる場合には、経費に算入できます。割合の示し方は決まっていませんが、合理的に説明できる方法、たとえば、全通話履歴のうち仕事の通話時間が何％か、という区分方法は合理的といえます。

インターネット、サーバー、プロバイダー料金も同様です。自宅ではない場所を仕事場としている場合には、全額《通信費》として経費となります。

しかし自宅兼仕事場で使う場合には、仕事との関連性と、仕事で使う部分の使用時間割合を総合して、きちんと分けられるように記録しておきましょう。

53 仕事に生かそうと異分野の本やDVDを買ったら?

仕事上必要があって購入した書籍、雑誌、漫画、DVDの代金は、《図書費》として経費にできます。異分野であるとか分野を越えたものといっても、その程度はさまざまです。**本業と違う内容の本であっても、仕事上必要であって、生活費と分けられる場合には、経費にできるのです。**

たとえば経営コンサルタントが、お客様の業種によっては、その業務について最新の詳しい情報を知る必要があるとすれば、経営指導という自分の専門分野を異にする内容であっても、必要な本代は経費にできます。

あるいは、お客様が資源・エネルギー開発の会社で、新分野に業務を広げたいというなら、国内外の最新の情勢を調べるために英国BBCのフィルムを入手することも必要になるでしょう。最先端の技術開発を知るために科学雑誌を丹念に読み込むこともあるでしょう。

さらに、街づくりの仕事を始めるにあたって、建設機械の種類や個々の機能について予備知識を持たないと、相手と話にならないから、少年向けの図解本から勉強することもあるでしょう。


要は、雑誌であっても、漫画であっても、DVDであってもいいのです。媒体の問題ではなく、仕事上必要で、生活費と明確に区分できるのなら経費にできるのです。


反対に、「仕事に生かそう」という漠然とした理由だけでは、分野を超えた本などの購入費用は、経費にすることが難しくなります。「本当はプライベートで買ったものなのでは？」と指摘されても、仕事との関連性を合理的に説明しにくいからです。

適当な雑誌や漫画代の領収書を取っておいて、「仕事に生かすつもりでという理由をつければ、分野を越えた書籍代でも、経費にしていいんじゃない？」という考えは論外で、経費になりません。

飲食店、美容室、理髪店、歯科医などでは、お客さんのために雑誌や新聞を用意しています。これらの代金は経費になります。

54 仕事に生かそうと美術館、映画館、動植物園に行ったら？

仕事に必要な観劇、映画鑑賞をしたり、美術館、動植物園に行った場合のチケット代や入場料は経費にできます。

ですから職業が、**画家、デザイナー、古物商**などで、そこに行く目的が仕事に直結していれば、**《研修費》にできます**。映画ライターであれば、映画を見て記事を書く必要があるので、仕事として行ったときのチケット代や映画館までの交通費も《旅費交通費》として経費にできます。

しかし「仕事に生かす」という漠然とした理由では、経費にできません。職種によっては、仕事との関連性があることもあるので、個々に判断することになります。仕事と関連性のないものや、娯楽と判断されるようなものは、生活費の範囲となり、経費にはできません。

取引先を接待する目的で購入したときは、その接待が仕事上必要で、生活費とはっきり分けられるのであれば、相手の分のチケット代も、もし一緒に行く場合には自分の分も《接待交際費》として経費になります。飲食代と同じで、その支出に経費性があるかどうかが問題なのです。

取引先のお付き合いで、行きたくもない映画や展覧会のチケットを購入しなければならないこともあるかもしれません。その場合は、チケットがその後どう使われたかが、ポイントになります。

そのチケットを家族が利用したなら、生活費として経費にはなりませんが、自分の仕事上、取引先への常日頃のお礼として贈答のつもりで購入した、あるいは一緒に行って利用したという場合には、《接待交際費》として経費にできます。

経費になると判断できる場合には、領収書やチケットの半券を保管しておき、仕事にはどのように関係するのかもメモしておきましょう。

55 仕事用のアプリをダウンロードしたら？

スマートフォンやタブレットは、生活になくてはならないものとなりました。職種によって使われるアプリはさまざまで、クラウドサービスのアプリ、映像編集アプリ、写真加工アプリなど、アプリの種類は限りなくあります。

仕事で必要とする人は大勢いて、そういうアプリであれば、経費にすることができます。

そこで、ダウンロードした日付、金額、アプリの販売元がわかるページをスクリーンショットしてプリントし、出金伝票（➡❺⓬㉓）に添付しておくようにします。

カード引落しならカード明細と一緒に、通話料と同時支払いなら通話料の請求書と一緒に保存しましょう。

アイチューンズ・カードやグーグルプレイ・カードで支払った場合には、そのカードを購入したときではなく、アプリを購入したときの金額だけ経費に計上します。カード自体の購入時には経費にならず、実際に使った＝支払ったときに経費になるのです。

それから、アプリは必要がなくなったら消すことがあります。そうすると購入した根拠が残らないので、保存資料は大切です。アプリそのものが形として残らなくても、根拠資料となる領収書などがあれば大丈夫です。

ただし、仕事兼プライベート用のスマホの場合は、仕事の部分とプライベートの部分を、明確に分けられなければ経費にできません。たとえば、有料の辞書アプリの場合、仕事でもプライベートでも使うわけです。

56

海外のサーバーを利用した支払いがドルのときは？

海外のサーバーを利用した支払いがドルのときは、取引日の為替レートの電信売相場（TTS）と電信買相場（TTB）の仲値（TTM）で円に換算した金額が、経費になります。取引日のレートについては、ネットで検索すればすぐに調べることができます。

クレジットカードやペイパルでの決済なら、カード引落し額が円換算されて支払う金額が決まるので、その**円建ての金額を経費にします。**

その場合、クレジットカード明細だけではなく、ネット画面でプリントできる領収書や請求書を保管しておく必要があります。

クレジットカードの明細はカード利用額の内訳であって、領収書の代わりにはならないので、注意してください。クレジットカードの明細と領収書の両方を保存しておくことが必要です。

外国口座への振込、海外の銀行への送金の場合には、送金明細が残り、そこに円換算額が記載してあるので、その金額で**《通信費》として経費にすることができます。**

これは海外サーバーの利用料だけではなく、売上げや仕入れがドル建ての場合も、考え方は同じです。

通貨の種類も、USドルだけではなく、ユーロ、ウォン、元などの外国通貨全般に共通の考え方になります。

57 仕事用に英会話教室や資格専門学校に通ったら？

フリーランスの場合、仕事をすすめるうえで直接必要な技能や知識を習得するための研修費用は、通常必要とされるものであれば、経費にすることができます。

仕事上必要なのであれば、その**仕事向けにプログラムされている英会話教室・英語学校の費用は、経費にできます。**

たとえば、英語しか話せないお客様がたくさん来るお店で接客しなければならないとか、商品の説明書を英語でつくる必要があるとか、提携先の外国法人の技術者と技術用語を使って会話しなければならないなど、仕事を動かして売上げを上げるために必要な場合には経費にできるのです。

ただし、仕事上で英語を使う実績も可能性もないにもかかわらず、国際化の時代だからとか、教養のためとか、立派ではあっても漠然とした理由を並べても、経費にすることはできません。

また、弁護士や税理士などの国家資格の専門学校費用については、その資格は法律に基づき、個人の能力や知識が判定され、特定の仕事ができるという新しい地位の取得のためにかかる費用です。それでも、仕事に間接的には有効であっても、直接的に必要とは考えられないため、経費にはなりません。

大学院の学位取得のための学費も、仕事に直接必要とされるものではなく、一身専属的な資格という新しい地位を獲得するための費用は、個人が取得するための費用と判断されるため、生活費の一部と考えられて経費にはなりません。

仕事に関係する教育研修費用であっても、個々の内容、必要性によって、経費になるかならないかを判断する必要があります。

ざっくりとした見方をすれば、明日の仕事上の実務に不可欠な、その力がないと仕事が進まないようなものは経費になりやすく、いくら尊い内容であっても「お勉強」レベルの教育研修では経費になりにくいと言えます。

58

情報収集目的でＮＨＫ受信料、ＷＯＷＯＷ・ＣＳ加入料を払ったら？

自宅とは別の場所のオフィスで、仕事上必要な情報収集の目的で払ったＮＨＫ受信料、ＷＯＷＯＷ、ＣＳの加入料は、《通信費》として経費にできます。オフィスであれば、そこでかかる費用はプライベートの費用と明確に区別できるからです。

たとえば、自宅と別の場所で飲食店を経営していて、お客さんが飲食する間にテレビが見られるような環境になっている場合は、ＮＨＫ受信料や有料番組の料金は《通信費》として経費にできることになります。

他方、有料情報番組をお昼の休憩時間に見るぐらいで、福利厚生的な感覚で支払う場合には、仕事と直接関係はなく、生活費の一部となります。それは独立したオフィスであっても同じで、経費にはできません。

自宅兼オフィスの場合、NHK受信料は仕事上必要というよりも、生活費の一部と考えられるので、経費計上は難しくなります。

「仕事以外でNHKは絶対に見ない！」という場合、生活費との区分は明確にできるかもしれませんが、視聴することが売上げに関係することは説明できないでしょう。

また、「仕事以外では絶対に見ない」という場合でも、家族が見るかもしれないし、年に1回でも紅白歌合戦だけは見るかもしれません。テレビの視聴履歴は明らかにできないので、説明することは難しいのです。

WOWOWやCSなど有料番組の加入料金については、たとえば、テニスや海外サッカーの試合など、地上波では見られない番組を見ないと仕事にならないスポーツライターであれば、仕事に直接関係する情報収集のための費用であると言えるので、生活費と分けられるなら、その区分できる部分が経費になります。

column ● 6

税金を減らす方法が2つある

課税を控除される項目というのが2種類あります。

①所得控除

課税所得の計算から一定の金額が控除されるもの。

［例］医療費控除、生命保険料控除、寄附金控除

②税額控除

課税所得に税率をかけたあとの税額から控除されるもの。

［例］住宅ローン控除、配当控除、政党等寄附金控除

所得控除と税額控除のどちらにも該当するけれど、どちらか一つの控

除しか受けられないものが、特定の相手に対する寄附金の控除です。

さて、所得控除と税額控除……どちらを選んだら有利なのかは、その人によって異なるので、自分で計算してどちらが得するかを判断する必要があります。

事業所得の経費と異なる点は、これらの控除項目で対象となるのは、事業と直接関係のない生活費であっても、領収書や控除証明書などを取っておくことによって、払う税金を少なくできる可能性があるということです。

確定申告の時期になってから、「事業と関係ないから捨ててしまった……」とならないように、控除項目に関係しそうな書類は取っておくといいでしょう。

第6章

人件費、外注費

59

家族に手伝ってもらい賃金を払ったら？

普段は自分一人で仕事をしている人が、仕事が忙しい時期は手が足りなくて家族に手伝ってもらうこともあるでしょう。そのときに賃金を出すかもしれません。しかし、**家族に支払ったものは通常、経費になりません。**

経費にならないのは、あなたと、その賃金を支払う家族が「生計を一にする」から、つまり同じ財布で暮らしているということで、同居・非同居は関係ありません。

たとえば、一人暮らしをしている大学生の子どもが、実家へ帰ってきてあなたの仕事を手伝ったときに賃金を渡したとします。このとき、常に子どもに生活費や学資金を渡しているなら生計を一にしているので、支払った賃金は経費にならないのです。

しかし、**「白色事業専従者控除」という制度を使えば、家族への賃金も経費にでき**

ます。条件は、対象となる家族が次の3つをクリアしていることです。

①白色申告者と生計を一にする配偶者や親族である

②その人が12月31日時点で15歳以上である

③その年に6カ月を超えてあなたの仕事に従事した（ときどき手伝うのではダメ）

以上を満たしていれば、確定申告書に控除を受ける旨やその金額などを書いて提出するだけです。事前に届け出なくてもいい、とてもシンプルなものです。

白色事業専従者控除の金額は、次の①②のうち低いほうの金額になります。

①事業専従者があなたの配偶者なら86万円、配偶者以外なら専従者1人につき50万円

②この控除前の事業所得などの金額を、専従者の数に1を足した数で割った金額

注意事項があります。この制度を使うと、配偶者控除や扶養控除を受けられません。そこで、あなたの年度末の収支決算を見て、扶養控除でいくか白色事業専従者控除でいくか、得するほうを選んで決めることができます。

60

仕事を友人知人、業者に外注したら？

フリーのデザイナーや編集者などは、仕事が立て込んでいたり、受けた仕事量が多かったりすると、仲間に呼びかけて仕事の一部をお願いすることはよくあることです。業者に外注することもあるでしょう。

そういったときの支払いは**《外注費》として経費で落とせます**。ただ、そのときに気をつけるポイントがあります。

仕事を外注するときの業務形態は、あなたもそうであるように、「業務委託」や「請負」となります。雇用関係にある勤め人の「給与」と違って、仕事の完成に対して「報酬」が支払われるので、報酬を受け取った側は、あなたと同じで、仕事を依頼した人の指揮命令を受けない「事業主」として扱われるのです。

給与と報酬では取り扱いが異なります。

あなたが個人に報酬を支払ったときは、「所得税及び復興特別所得税」を源泉徴収する必要があります。

ただし、あなたが次の①か②の場合には、源泉徴収しなくていいのです。

①あなたが給与の支払い者でないとき。つまりアルバイトや従業員に給与を払う立場でないとき

②あなたが給与の支払い者であっても、対象が常時2人以下の家事使用人（家政婦・お手伝いさん）だけのとき

つまり、**あなたが一人で仕事をしていて、アルバイトも誰もいなくて、仕事を仲間に頼んだ場合は、支払った報酬から源泉徴収する必要はない**ということです。相手が法人である業者であっても、源泉徴収する必要はありません。

61
忙しいときにアルバイトを雇ったら？

仕事の繁忙期に、何日かだけ**パートさんやアルバイト**を雇おうかな、と思うこともあるでしょう。そのときの**賃金は、《給与賃金》として経費となります。**

あなたが人を雇って賃金を支払う場合、そのつど、金額に応じた「所得税及び復興特別所得税」を源泉徴収して、実際に支払った月の翌月10日までに国に納めます。

賃金を受け取った人の代わりに所得税を納めるこの制度が「源泉徴収」です。会社だけでなく、一人で仕事をしているあなたも、源泉徴収義務者となります。

なお、賃金を支払う対象が常時10人未満であって、その旨を事前に申告しておけば、半年分まとめて納めることができます。

源泉徴収する額は、税務署のＨＰにもありますが、「給与所得の源泉徴収税額表」から、「月額表」「日額表」の「甲欄」「乙欄」「丙欄」を使って求めます。

ただし、あなたが常に2人以下の家事使用人（お手伝いさんや家政婦さんのこと）だけに支払っているなら、源泉徴収をする必要はありません。

源泉徴収義務者が源泉徴収をしなかった場合には、「不納付加算税」というペナルティが課されることがあります。賃金を受け取った側でなく、源泉徴収を行わなかった側に課されるものなので、パートさんやアルバイトを雇う場合は注意しましょう。

なお、源泉徴収を行う場合には、給与支払事務所の開設や所得税の納期の特例に関する手続きなどを事前にする必要があります。手続用紙は国税庁のHPからダウンロードできますが、最寄りの税務署でも書類一式をもらえます。

62

友人知人にお客の紹介料を払ったら？

紹介業、仲介業、情報提供業を専門とする会社や個人に支払う紹介料は、《支払手数料》や《販売手数料》として経費になります。

でも、あなたが**紹介を専門としていない人からお客様を紹介してもらったら、**紹介料を出すこともあるでしょう。そういった場合には、**紹介料は《接待交際費》として経費となります。**

法人では、情報提供料を支払った相手先が紹介業や情報提供業を専門の仕事としていない場合でも、要件によっては《接待交際費》ではなく《支払手数料》にできます。法人は、規模によって《接待交際費》を経費にできる上限が決まっていたり、基本的に《接待交際費》を経費にできなかったりします。そのため紹介料については、要件を満たせば《支払手数料》として経費にできるのです。

しかし、みなさんは《接待交際費》に制限はないので、使った金額はすべて《接待交際費》として経費となります。

経費とするためには、紹介料を支払ったという証拠を残しておかなくてはなりません。そのため、支払い先から領収書を発行してもらいましょう。紹介料の支払い先が友人などで領収書などを発行したことがない人もいるでしょうから、こちらで領収書を用意しておいて、住所・氏名を記入してもらうのがいいでしょう。

なお、あなたが紹介料を受け取った側である場合は、**紹介することが仕事であれば、**売上げとなります。でも**紹介業でない場合は、《雑所得》となります。**これは事業所得とは別の所得となるので、確定申告書の記入欄を間違えないようにしましょう。

もう一つ、紹介料は原則として源泉徴収はいらないのですが、紹介料というのが名目であって、実質的には報酬である場合には、源泉徴収が必要となるので、気をつけてください。

63 健康管理のため人間ドックに行ったら?

健康管理のための**「人間ドック」費用は、経費になりません。**

「一人で仕事をしている以上、健康管理も仕事のうち」と言いますが、税金の計算では経費になるかどうかとは別の問題なのです。健康管理はプライベートの範囲で行うものとされていて、必要経費には含まれません。

健康管理のための人間ドック費用は、「医療費控除」の対象にもなりません。予防的なものは、医療費控除の対象とならないのです。ただし、その人間ドックの結果、病気が見つかり治療を受けたときには、医療費控除の対象になります。

健康増進のために通う**「スポーツジム」の会費なども、経費にはなりません。**これもプライベートの範囲とされ、医療費控除の対象にもなりません(➡74)。

しかし、まれなケースではありますが、医師による特定保健指導で、厚生労働大臣が指定した施設を利用した運動療法を行わせたときの施設利用料は、医師の証明書と施設利用料の領収書があれば、医療費控除の対象になる場合があります。

スポーツジムの会費が経費になるのは、プロスポーツ選手くらいです。そのスポーツの練習のために必要であり、その必要な部分と生活費の部分を明確に区分しているのであれば、経費にできるでしょう。

インフルエンザの**「予防接種」も、経費にすることはできません。**昨今シーズンが到来すると、毎年のように予防接種を受ける方も多いでしょう。これも生活費の範囲で行うものとされています。これは治療ではなく予防なので、医療費控除の対象にもなりません。

64 仕事で出かけた途中でケガをして病院へ行ったら？

仕事の途中でケガをして病院に行った場合でも、治療費や薬代は仕事の経費にはなりません。治療費や薬代は生活費の範囲内とされているからです。職業的に発生しやすいケガであっても、入院するような大きなケガであっても、治療費は経費にならないのです。

ただし、年間の医療費が一定額を超える場合には**「医療費控除」**という制度があり、所得から一定の金額が控除される場合があるので、領収書は保存しておきましょう。

医療費控除とは、自分の医療費と、自分と家計を同じくする家族にかかった医療費の合計が、年間で一定額を超える場合には、その超えた部分の金額の所得控除が受けられる制度です。医療費は、実際に支払った医療費から保険などで補填された金額を差し引いた金額、つまり自分で負担した金額になります。

「一定額」というのは、具体的には、次の①②のいずれかの金額を言います。

①10万円

②総所得金額が200万円未満の人は総所得金額等の5％

医療費控除を受けるためには、病院や薬局の領収書か、健康保険組合から定期的に送られてくる「保険料のお知らせ」のいずれかを取っておく必要があります。

医療費控除の対象となるものは、病院や歯科医院での保険適用の治療費や処方薬をはじめ、健康保険の適用にならない治療費も対象となる場合があります。一般的なところで、たとえば歯科医院で虫歯治療のために自費で詰め物を入れた場合、あるいは薬局で買った風邪薬、鎮痛剤なども、治療にかかった費用として領収書があれば医療費控除の対象となります。

あなたの医療費は仕事の経費にすることはできませんが、医療費控除の対象になるかもしれないので、あきらめずに領収書を保存しておきましょう。

column ● 7

「消費税は売上げ1000万円が分岐点」

居酒屋で「売上げが1000万超えたから、税金納めなくちゃならないよ」という会話が聞こえました。これは、半分正解で少し間違っています。正解は、「売上げが1000万円を超えた年の2年後の確定申告で、消費税を納めなければならない」です。

2020年分の課税売上高が1000万円を超える個人事業者の方は、2022年分の確定申告をするときに消費税の申告と納付をするということです。

消費税は、売上げが1000万円を境に、納めるか納めなくてもいいのかが分かれます。売上げが少なくて課税売上高1000万円以内なら、消費税の納税を免除しますという救済措置です。

日々の売上げの記帳をして、今いくらの売上高が立っていて、あといくらで消費税の課税事業者になるということをわかっていましょう。

「消費税倒産」といわれるように、小さな事業者ほど消費税が払えなくなって行き詰まることがかなり多いようです。


年末に売上げが１０００万円を超えて、あわてて消費税を納めるためにお金を集めることにならないように、まず代金は、消費税を上乗せして請求します。経費として支払ったものには消費税が加わっているのですから、請求時も上乗せします。


そして、預かった消費税には手を付けず、貯金しておきます。

これはすべての納税資金に通じますが、将来払う税金は、通帳を別に1冊用意して、納税資金専用口座をつくっておくと安心です。

第7章

広告宣伝費

65 ホームページの制作、運用にかかった費用は？

自分の仕事の宣伝をするホームページ（ＨＰ）の制作費は、商品の検索機能やオンラインショップ機能などのプログラムが組み込まれている部分と、組み込まれていない部分とで取り扱いが違います。

プログラムがない場合は、「1年に1回以上更新すること」を条件に、《広告宣伝費》として一括で経費にできます。

ＨＰを必要時にメンテナンスして更新するということは、「制作費をかけた効果が、開設したときから1年以上には及ばず、その年でＨＰの効果は使い切りました」ということ。更新するつもりがないのであれば、36で書いたように、最初から使用期間に応じて、少しずつ経費にするしかありません。

一方、プログラムが組み込まれているＨＰは、その制作費の請求書の内訳を見てください。プログラム部分の合計金額によって、その後の処理は次のように処理することになります（➡39図）。

- 10万円未満……………一括で《ソフトウェア費》か《消耗品費》にします。
- 10万円以上20万円未満……《減価償却費》として3年の均等償却をすれば、月割計算せずに毎年1年分を減価償却できます。
- 20万円以上……………《減価償却費》として5年間（ソフトウェアの耐用年数）の月割で均等償却します。

HPに関するほかの費用として、修正費、維持費があります。**プログラム部分の機能をアップさせる修正は、ソフトウェアと同じで減価償却できます。プログラム部分以外の修正費、維持費は《修繕費》になります。**

確定申告を簡単にする方法は、HPを毎年メンテナンスすることと、使わないプログラム機能はつけないことです。そうすれば一括で経費に計上できます。

66 取引先に配る名入りカレンダーをつくったら？

年末に配る**カレンダーや手帳は、屋号**（**店名**）**、商品名、HPアドレス、住所、電話番号などが入っていれば《広告宣伝費》として経費になります。**本体に店名を入れて配れば、お店の知名度が上がり、商品やサービスの売上げにつながるからです。気に入ってもらえれば1年間使ってもらえます。使ってもらえてこそ広告宣伝の効果を発揮します。**オリジナルでつくった製作費・印刷費などは《広告宣伝費》として経費にできるのです。**

販売促進用に配るものには、お店の商品を載せた小冊子、リーフレット、チラシ、パンフレットなどもあります。こちらも、制作関連費用は《広告宣伝費》です。ただし、大量につくりすぎて年末に余っていれば、配布した分だけが経費となります。

また、《広告宣伝費》は商品やお店を広く知ってもらうための費用ですから、紙媒

取引先に「ご挨拶の品」を配ったとき

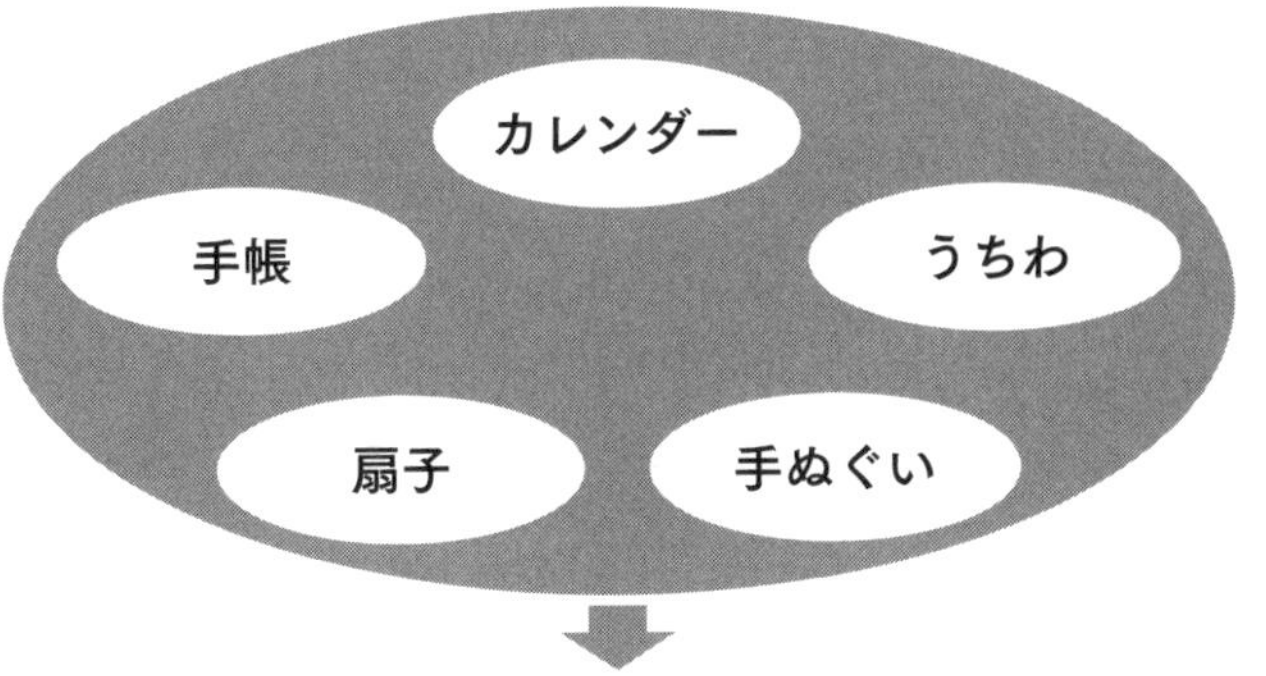

店名が入っている ➡ 広告宣伝費
店名が入っていない ➡ 交際費
自社商品を配る ➡ 交際費

体だけでなく、検索広告、ディスプレイ広告、動画広告、モバイル広告、アプリ広告などのインターネット広告も入ります。

商品をPRするために**展示会に出展したときの出展費用も《広告宣伝費》です。**

《広告宣伝費》は売上げの10%ぐらいが一般的ですから、50万円かけるのであれば500万円の売上げが目標となります。

費用対効果を常に意識し、経営状況を見ながら広告宣伝に使う金額（費用）を考えましょう。

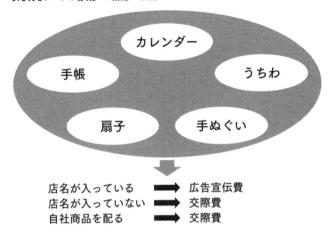

67 ケーキ、お茶付きのセミナーを開いたら？

初めてのお客様に、無料の体験レッスンやセミナーを開いて集客につなげるなど、**広く告知して行うイベントの費用は、すべて《広告宣伝費》として経費にできます。会場費、講師料、スタッフ費、案内広告費、配付資料制作代、撮影費、文具費、お茶菓子代などすべてです。**

お料理教室の体験レッスンで使う食材費、帰り際にお客様に渡す小さなお土産代のほか、遠方からの参加者に渡す１０００円程度の足代は、受取書などに署名をもらえば経費になります。

すでに会員になっているお客様や、日ごろお世話になっている取引先を招いて、カフェのオーナーが新作スイーツの無料試食会を開くというようなケースも、経費にできますが、《広告宣伝費》ではなく《接待交際費》に計上したほうがいいでしょう。

また、体験レッスンや無料試食会の参加者は、自分の家族や親しい友人だと、仕事と切り離された私的な交友関係なので、経費にはなりません。

そこで、税務調査対策として、セミナー開催時には、家族や友人を呼んでいないことを説明できるように、参加者のリストなど証拠となる資料を保管しておいてください。

たとえば、ホテルの会議室でセミナーを開いたら、どのように経費にできるでしょうか。会場費が6万円、お茶とお菓子のセットが1人前1200円とします。30名の参加ならホテルへの支払いは9万6000円。1人当たりのコストは3200円。その中に家族が5人参加していたら、1万6000円は経費になりません。

なお、このとき参加費が1人5000円なら、30名で1万5000円は収入として計上することになります。家族からは会費を徴収しなくても、家族分2500円は受け取ったこととして、やはり収入1万5000円は計上しなければなりません。

column ● 8

「iDeCo、積立NISA、NISA、どれがお得？」

公的年金だけでは老後が不安という人には、税制上の優遇措置があり、最強の投資ツールがあります。

「iDeCo」は個人型確定拠出年金で、途中でやめられず、掛け金は原則60歳まで引き出せませんが、確定申告時に全額所得控除になり、運用益は非課税で再投資され、受け取るときも大きな控除が使えます。

「NISA」は利益が非課税になる特典を最長で5年間受けられます。

「積立NISA」はNISAの積立て版で、少しずつ長い時間をかけて継続的に投資する人に有利です。

所得が多いのならiDeCo。月5000円から始められ、掛金を1000円単位で自由に設定できます。iDeCoから始めて、満額拠出するようになったらNISAという方法があります。

	iDeCo	NISA	積立 NISA
投資方法	毎月5000円から1000円きざみで60歳まで積立	年間120万円まで投資し5年キープできる	年間40万円まで投信を買い付け
積立上限額	81万6000円	120万円	40万円
運用期間	60歳まで	5年	20年
資金の引出し	原則60歳まで不可	いつでも可	いつでも可
メリット	・積立時の掛金が全額所得控除 ・運用益が非課税 ・受取時に一定額が非課税	・120万円の投資枠で得られた全運用益が非課税	・20年間中の投資で得られた全運用益が非課税

第8章

衣服、美容、化粧品

68 雑誌撮影のために美容室に行ったら？

自分のビジネスが雑誌やテレビに取り上げられ、取材を受けることになった場合です。取材用のヘアセットのために**美容室に行った費用は、《広告宣伝費》として経費にできます。**撮影のために**ネイルサロン**に行って、撮影が終了したらネイルは落とすというのも、経費で大丈夫です。

メディアに取り上げられれば、ビジネスの宣伝になり大きな効果が期待されます。これは、商品や自分自身を広く売り込むために使った経費にあたるからです。

テレビ出演のためにスーツを新調した場合ですが、「それは撮影専用のスーツで普段はまったく着ることはない、プライベートでは使わない、いつも事務所のロッカーに保管している」と言えるものであれば経費にできます。

でもそんなことはなく、結婚式やパーティーでも着ようと思っているというのであ取材対応の経費は？

取材に使ったタクシー代、ホテル代
関係者との親睦会費、会食費
プロにしてもらうメイク代
スタイリストに支払った代金
衣装代（条件付き）
美容室代
手土産代
↓
《広告宣伝費》

れば、自前で用意しましょう。

なお、取材を受けたお礼として「謝礼」「調査費」「研究費」「取材費」「車代」などをもらった場合には、収入として計上するようにしてください。

ところで、芸能人や著名人の美容室代や衣装代は経費になるのかというと、それが仕事用なのかプライベートなのか見分けがつきません。

衣装やアクセサリーの購入費を全額経費にすることは難しいでしょう。

69 接待業なので美容院、ネイルサロンへ行ったら？

身なりを整えるのは、個人負担ですから、経費になりません。仕事をしているかどうかにかかわらず、身なりを整えるのは普通のことです。

みなさんは、仕事に関係しているから身なりを整えているわけではないですよね。このように、「仕事にかかわらず誰でもする行為」は「生活費」といって、個人負担になります。

ただし、いくつか例外があるので、自分が当てはまるかどうか確認してください。

まず、キャバクラで働いているホステスさんが、出勤前に美容室に行ってヘアセットとメイクをしてもらうような場合は、経費にできます。**クラブやキャバクラは、美しさを求められる仕事です。**ヘアセットは出勤前しかやらない（プライベートはプロにヘアセットを頼まない）というホステスさんが多いことから、**美容室代は経費にできます。**

ホステスさんのネイルとまつ毛エクステンションですが、こちらは取り外しが簡単にできないので、「出勤のときだけつけています」というわけにはいきません。経費に入れるのであれば、1日のうちの半分は仕事と考えて、半々くらいに按分したほうがいいでしょう。

また、エステサロンの経営者やネイルサロンのオーナーが、他店を視察に訪れたときの**施術料は、確定申告用紙に《研究費》という項目をつくって、**そちらにまとめて経費とします。そのときに、仕事であることを明らかにするため「他店視察レポート」をつくっておくと税務調査対策になります。

ちなみに、美容に関連しない業種の経営者が「接客業だから、お店の方針としてキレイでいないとダメなんです」と言って、エステやまつ毛エクステンションに行っても、経費にすることは難しいです。個人負担としておいたほうが無難です。

70 仕事用に衣服、靴、小物を買ったら？

服、靴、アクセサリー類は、一般的には経費になりません。でも、なんとか経費にできる方法もあります。

たとえばエステサロンの場合、「施術をするときに服が汚れてしまうから、ある程度見栄えのいいTシャツとエプロンを着けて接客している」のなら、**仕事中だけ着用することにしていれば《消耗品費》として経費にできます**。

建設現場で着る作業着も、プライベートで着ないのであれば《消耗品費》にできます。ただし、出勤時に家から作業着で出て、帰りもそのまま帰り、休日も作業着姿という職人さんは、仕事で着ている割合を出して、経費を按分しましょう。

服も靴も、プライベートでは一切身につけていないことを証明するのが、難しいところです。

衣料品・小物はどこまで経費で落とせるか？

- ○ 塗装用つなぎ、安全靴、安全ヘルメット
- ○ お店のロゴ入りTシャツ
- ○ お店をイメージしたショッキングピンクやヒョウ柄など特徴的な服
- ○ PC 用ブルーライトカットメガネ

- △ 一般的なスーツ
- △ 一般的なパンプス、ビジネスシューズ

- ✕ 腕時計、メガネ
- ✕ ピアス、ネックレス

※△は、仕事用とはっきり証明できればOK。

昔、大阪市が職員に支給したスーツをめぐって大阪国税局と争い、「それは職員の所得であって、市の経費にならない」とされた事案があります。

ポイントは、「Osaka City」の刺繍が胸ポケットのふたについていたことです。内側に折り込んでしまえば私服として着られるのです。

それに、そもそもスーツ着用が義務ではなかったことから、「実際には私服として使われている」とされたのです。

このように、業務でもプライベートでも使えるアイテムは、「仕事専用」を証明することがかなり難しいのです。

71 急な仕事でベビーシッターを頼んだら？

「子育てをしながらネイルサロンを経営しているので、いつもは託児所に預けているのですが、大切なお客様から急に予約が入ったため、その仕事をしている間はベビーシッターに来てもらいました」

この費用は経費になるのでしょうか？

結論から言うと、あなたが支払う託児所料、ベビーシッター代、ファミリーサポート代、延長保育料などの**育児関連費用は、経費にできません。**育児はプライベートの領域（生活費）とみなされるのです。

子どもを預けなければ働くことができないし、預けて働いても大赤字という悩みを抱えている人はたくさんいます。そこで、従業員を雇っている個人事業主が、従業員のベビーシッター代を一部負担して《福利厚生費》に計上することは認められているのですが、従業員ゼロのあなたへの救済は、まだ法律で手当てされていないのです。

ところで、子育てに関連する費用には、おむつ代、子ども服、おもちゃ代などがありますが、こちらは職種によって経費にできるケースがあります。

子育て専門のチャンネルを立ち上げて収入のあるユーチューバーなら、ネット上で紹介した赤ちゃん用品は仕事に必要なものですから、《広告宣伝費》として、経費にできるのです。

ただ、大量に購入しているなど社会的常識から外れている場合は、収入との因果関係を証明することは難しいでしょう。

また、普段着として使えるような子ども服代は、ブログ上で記事にしなくても買うわけですから、経費にするのであれば「この撮影でしか使っていない。日用品ではない」というために、「いつ、どこで、なんのために」というメモを残しましょう。

72 アフィリエイト広告のために化粧品を買ったら？

ユーチューバーやブロガーなどのアフィリエイターが紹介した化粧品を、視聴者や読者が気に入って、商品サイトバナーをクリックして商品を購入すると、アフィリエイターに報酬が支払われます。**その動画撮影やブログ記事に関する費用は経費にできますが**、化粧品のように撮影後にも使える商品は、注意が必要です。

そのときは、どの商品を、いつ、どの記事に使い、撮影後はどう処分したか（廃棄した、自分で使った、プレゼントしたなど）を記録に残してください。

廃棄したときは、撮影専用に購入して使い切ったと考え、《広告宣伝費》にします。自分で使ったときは、経費にできるのは多くとも50％くらいまででしょう。

パッケージだけの撮影で**未使用品を読者にプレゼントしたときも《広告宣伝費》**とし、身内や知人にプレゼントしたときは、経費ではなくなります。

万が一税務署から問い合わせが入ったときに、仕事上の費用であることを証明できるようにすることが大切です。税務署では、問い合わせを入れる前にあなたの動画やHPを確認しています。

経費は、売上げを上げるために支出したものに限られるので、記録と合わせて領収書も整理しておきましょう。

また、動画やブログのアクセス数を増やすために、**読者へのプレゼント企画をすることがあります。そのために化粧品を用意したのであれば、それは《広告宣伝費》に**してください。**郵送料も《広告宣伝費》です。**プレゼント先のリストをつくって、購入個数と合わせておいてください。

アフィリエイト収入は、突然増えることもあるので、事業を立ち上げたばかりのときの収入があまりなくても、領収書はコツコツためておくようにします。

報酬の振り込みが多くなっているアフィリエイターには、税務署のチェックが入っている可能性があるので、きっちり確定申告をしましょう。

73

営業用に海外高級ブランドのバッグを買ったら？

「初めて会うお客様との商談には、最初の印象が大切だから、持ち物には気を付けています」という人はたくさんいます。「作成した資料を持参するときに、どこかでもらった紙袋に入れて持っていくのはちょっと恥ずかしい」という理由で、仕事用のバッグを購入するのは普通のことです。

仕事用に買ったバッグ代が常識的な金額の範囲内で、しかも仕事以外では使わないのであれば、経費にできます。

しかし、高級すぎるものは個人的趣向が強いと判断され、税務上認められません。たとえば、海外のハイブランドのバッグを１００万円で購入し、それを減価償却して経費にしようとします。確定申告書の減価償却費の欄に「バッグ」と記入して減価償却した場合、異例ともいえる経費内容に、税務署から疑われる可能性は高まります。

そこで税務調査が入れば、そのバッグはいつもどこに保管され、だれがどの取引先に行ったときに持って行ったのか、仕事以外では使っていないか確認されます。「じつはプライベートな支出を経費として計上している」ということがないように気を付けましょう。

確定申告を毎年していくと、よく使う経費は決まってきます。フリーライターであれば書籍などの《図書費》、美容業であれば《仕入》《消耗品費》、飲食業であれば《材料費》といったように、同業種であれば皆さん同じような傾向が確定申告書に表れます。

税務署は、あなたの申告書と同業者のデータベースを照らし合わせます。同業種のデータと比較して突出している項目の経費や、異例な経費にはチェックが入ってもおかしくありません。

自信をもって経費と言い切れるもの以外は経費に含めないという感覚で、日々の経費の記帳をしてください。

74

接客業なので体型維持のためスポーツジムに通ったら？

従業員のいないあなたが入会しているスポーツクラブの会費や入会金は、残念ながら経費にできません。

あなたは、従業員に対する福利厚生を行う立場の経営者ですから、個人負担となります。自分自身に《福利厚生費》を出すという概念がないのです。

これは、家族を従業員にしているケースにも当てはまります。奥さんを従業員にしていて、奥さんが入っているスポーツクラブの会費を経費に計上しているのは、アウトです。

ただし、例外があります。特殊な職業の人は経費にできます。

美容ライター、美容レポーター、ファッションモデル、タレントなど、**「美」を仕**

事にしている人たちや、プロのスポーツ選手などです（➡63）。体験レポートや、お店の紹介の記事を書くための取材や、自身の撮影に必要な体のパーツを鍛える場合などは、**収入を得るために要した費用なので、《取材費》や《広告宣伝費》として経費にできます。**

でも、「ショップ店員をしていて、お客様と接する職業柄、見た目も大切なので、スポーツクラブに通っています」という程度の理由では、経費にはなりません。

また、**ビジネス上の交流のため、やむを得ずスポーツクラブへ行く**ことがあるかもしれません。その場合は、「だれと、いつ、なんのために行ったか」によっては、記録に残すなどの工夫をしておけば、**《接待交際費》として経費にできます。**

column● 9

「青色申告にステップアップ！」

確定申告には、帳簿づくりが簡単な「白色申告」と、帳簿づくりは大変だけど税金が減る特典がたくさんある「青色申告」があります。以前は「白色申告」では帳簿の記帳はしなくてもよかったのですが、2014年からは帳簿をつけて保存することが義務づけられました。

どうせ帳簿をつけなければいけないのですから、少し頑張って特典の多い「青色申告」をしたほうが断然おトクなのです。

「青色申告」のメリットは、次のとおりです。

①簡易帳簿なら10万円、複式簿記なら65万円の控除がある

②家族に給料が払える

家族を雇った日から2カ月以内に、税務署に「青色事業専従者給与に関する届出書」を提出します。

③赤字を最大で3年間繰り越せる

④10万円以上30万円未満の固定資産を一括で経費にできる

30万円未満なら支出年度に一括で経費にでき、年３００万円まで。

⑤推計課税されない

白色申告だと税務署は「だいたいこれぐらい」と推測して税額を決定できますが、青色申告の人は対象から除かれます。

さらに、所得を低く抑えれば、国民健康保険料と住民税も下がります。

では、青色申告はどのくらいトクなのか、売上げ６００万円、経費２５０万円、所得控除50万円のケースで比べてみましょう。

「所得税＋住民税＋個人事業税」の合計は、白色申告だと51万１７００円。青色申告だと、10万円控除の場合は49万１５００円、65万円控除の場合は38万３００円。つまり白色から青色65万円控除に変更すると、概算で13万1400円の節税となるのです。

「青色申告」の帳簿には、正式な帳簿（複式簿記）で記帳する青色申告65万円控除と、やさしい青色申告10万円控除があります。

複式簿記というのは、100円のボールペンを現金で買ったら、

「○月○日　（消耗品費）　100円　（現金）　100円」

という仕訳をします。「青色申告65万円控除は、税金を減らす効果は高いけれどハードルが少し高い」というなら、青色申告10万円控除でやってみましょう。経費を使ったら、たぶんあなたはノートに、次のように記入しますよね。これは現金出納帳です。

「○月○日　消耗品費　（ボールペン）　100円」

青色申告10万円控除に必要な帳簿は、現金出納帳・売掛帳・買掛帳・経費帳・固定資産台帳です。文具店で帳簿を買い、書いてある通りに記入するだけです。青色申告65万円控除では、これに仕訳帳・総勘定元帳

が加わります。

「青色申告」を今年度分から始めたいときは、今年度の3月15日までに「青色申告承認申請書」を、あなたの納税地の税務署に提出します。開業したばかりなら、開業の日から2カ月以内に提出してください。紙を1枚出すだけです。

家族に給与を出すのであれば、あわせて「青色事業専従者給与に関する届出書」も提出します。詳しくは税務署に問い合わせてみてください。

最近では簡単に記帳できるクラウド型ソフトがたくさんあります。慣れない方でも確定申告の書類まで簡単につくれます。アプリを使えば、スマホからでも作業できます。また、確定申告の時期は無料の税務相談会も各地で開かれ、専門家が申告書の作成を手伝ってくれます。ぜひ「青色申告」にトライしてみてください。

第9章

取材費、編集費、デザイン費

75

原稿、イラスト、デザインなどの依頼料は？

イラスト、原稿などを発注したときの依頼料は、《外注費》として経費になります。原稿料を支払う側には、源泉所得税の徴収義務があります。

「源泉徴収」とは、報酬を与える側が報酬を受ける側に代わって、国に納める所得税と復興特別所得税のことです。いわば確定申告で納付する所得税の前払いです。前払いなので、源泉徴収額は確定申告で調整されます。

①まず、イラストやデザインの仕事を外注して、**「支払う立場」**の場合です。

源泉徴収すべき所得税の金額は、報酬の支払金額により次のようになります。

・支払金額が１００万円以下↓支払金額×10・21％

・支払金額が１００万円超　↓(支払金額−１００万円)×20・42％＋10万２１００円

源泉徴収税額は、消費税込の報酬額に対して税率を乗じて計算します。しかし、税抜きの報酬金額と消費税の金額が明確に分かれている場合には、税抜きの報酬額に対して、源泉徴収税率を乗じてよいとされています。

ただし、あなたに源泉徴収をする義務がなければ、もちろん源泉徴収する必要はありません。支払い先が法人の場合にもいりません（➡60）。

②次に、あなたが**「支払われる立場」**の場合です。

法人や個人から原稿やイラストを依頼されたときに、請求書を出すことがありますよね。そのときには、源泉徴収をされることを忘れないようにしましょう。源泉徴収の結果、もしも多く納税していたときには、確定申告で確実に戻ってきます。

ところで、仕事で相手に銀行振込するときの**《振込手数料》も経費になります。**一回の金額が少額なので見落としやすいのですが、塵も積もれば山となります。一年間の総額が数万円になることもあります。手数料の金額は、通帳記帳や振込の利用明細書で確認して計算しましょう。

76 原稿チェックの専門家監修料は？

ライターが記事を書いて雑誌に掲載したり、本として出版したりする原稿段階で、内容を専門家にチェックしてもらうことがよくあります。

とくに専門的な記事の場合には、専門家が監修することで間違いがなくなり信頼度が上がるので、仕事に必要なものとして**《支払手数料》として経費となります。**

この監修料は、相手が個人であれば源泉徴収が必要ですが、同じような報酬でも、懸賞応募作品の選考料、審査料、試験問題出題料、各種答案の採点料については、源泉徴収をしないことになっています。

また、あなたに賃金を支払う人がいないなど、源泉徴収義務者でなければ、このような報酬を払ったときの源泉徴収は必要ありません。

弁護士、税理士といった士業への報酬の支払いも、仕事で必要であれば経費となります。謝礼金、調査費、日当、旅費などの名目で支払われるものも、源泉徴収の対象となる報酬・料金に含まれます。

弁護士や税理士に支払った報酬・料金から源泉徴収した所得税は、原則として、支払った月の翌月の10日までに納めなければなりません。

しかし、支払った人が「源泉所得税の納期の特例」を受けていれば、1月から6月までの間に支払った報酬・料金に対して、源泉徴収した所得税・復興特別所得税は7月10日までに、7月から12月までに支払った分に対しては翌年1月20日までに納めればいいのです。

士業への報酬は「納期の特例」ですが、原稿料や監修料には納期の特例が使えないので注意しましょう。

なお、弁護士や税理士が個人ではなく弁護士法人や税理士法人である場合には、源泉徴収は必要ありません。同じ士業でも行政書士は、個人への報酬でも源泉徴収の必要はありません。

77

取材先、講演者への謝礼は？

謝礼金とは、取材に応じてくれた方や、講演をしてくれた方へのお礼です。あなたも、そうした企画を立案したり催事を運営したりすれば、支払う立場になります。報酬は成果に対する支払いですが、謝礼金は何かの成果物に対する支払いではなく、感謝の気持ちを金銭や物品で支払うというイメージです。**仕事に関係のある謝礼であれば、もちろん経費となります。**

「謝礼金」「取材費」「調査費」「車代」など、さまざまな名目で支払うことがありますが、その実態が「原稿料」「講演料」と同じこともあります。

このような支払いの名目が謝礼金であっても、講演料のように**実態が報酬と同じ場合には、報酬の源泉徴収が必要です。**

実際には謝礼金の支払いで端数の出る渡し方はしないので、たとえば金額を5万円と決めたら、源泉所得税を逆算して報酬額を決めることになります。なお、あなたが源泉徴収しなくていい場合（⬇60）は、源泉徴収の必要はありません。

また、謝礼金を支払った事実を残すためには、領収書を受け取る必要があります。自分で領収書を用意して、相手に渡すときに住所、日付、名前の記入をお願いするのがスムーズなやり方です。

しかし、**相手に領収書の記入をお願いするのが難しい場合**もあります。そういう場合は、商品券やクオカードを謝礼として渡す方法もあります。そのときは、個人的な利用をしていないことを示すために、商品券を渡した相手の名前、日付、渡した理由をメモして残しておきましょう。

友人に仕事を手伝ってもらったお礼として、謝礼金を支払うこともあります。この場合にも、支払いの内容が仕事という労働への対価であれば、賃金としての源泉徴収が必要となります。

78

撮影用カメラ一式の代金は？

カメラ、レンズ、三脚、レフ板、カメラケース、光度計、電池など、取材に必要な機材はさまざまです。最近では取材のためにカメラが必要なフリーランスのライターのほかに、ユーチューバーとして撮影・編集して動画をつくり、動画収入を得る方も多くいます。

このような撮影用カメラ一式は一括経費となります。注意すべきなのは、日常でもそのカメラを使う場合です。仕事とプライベートの割合を計算して、仕事に使っている割合が経費となります。

割合の計算はさまざまですが、合理的な方法で行う必要があります。たとえば、月に3回はプライベートで使うとすれば、3日／30日間＝1／10となり、10％はプライベートで利用していることになります。残りの90％部分が経費になるわけです。レフ板など、仕事でしか使用しない機材は、すべて経費としてＯＫです。

では、撮影用機材一式を買ったときに、合計額が資産の金額になるのでしょうか。資産の取得価額は、通常セットとして取引されるその単位で判定します。たとえば、機械・装置は１台か１基ごとに、工具・器具・備品は１個・１組・１揃いごとに判定します。応接セットは通常、テーブルと椅子がセットで売買されるものです。

その場合は、**１組の金額で資産に計上して減価償却するか、10万円未満であれば《消耗品費》として経費にします。**

カメラ一式であれば、通常はカメラとレンズは一体で使うものなので、一緒に購入した場合には１つの資産となります。

カメラのレンズをあとから購入した場合は、単体でも高額になることがほとんどで、一個でも資産になり、減価償却の対象となります。

79

取材、編集、デザイン用パソコン代は？

取材・編集など仕事で使うパソコンは、36 37で説明したように経費になります。**デザイン用のフォント、グーグルドライブやドロップボックスなどのクラウドサービスの費用も経費となります。動画編集ソフトなどのさまざまなソフトウェアも経費になります。**

編集機器については、最新のものが必要な仕事も多くあり、パソコン本体も、1台ではなく2台や3台を使いこなすケースもあります。

パソコンは1台しか経費にできないわけではありません。**3台でも5台でも、すべて仕事に必要だから使っているというのなら、経費になります。**

もちろん、完全にプライベートで利用しているものは、経費になりません。仕事にもプライベートにも使っているならば、仕事で使う割合を出して経費を按分します。

1台はデスクトップで自宅や事務所に置いておき、そのほかに持ち運びできるノートパソコンを持っていたり、デザインのためにノートパソコンとタブレットを一緒に持ち歩くこともあるでしょう。

また、パソコンの性能はたった1年で大きく変わることもあるので、その性能によって仕事の質が変わることも大いにあります。そのため、持ち歩き用にパソコンを何台も持っていても不思議ではありません。

仕事だけに使っているパソコンは、すべて一括経費とするか、資産にしたあとで減価償却することになります。

最新機能のパソコンが必要で使っている人は、少しでも古くなったら使えないので、中古ショップに売ってしまうかもしれません。それが仕事用のものであれば、資産を譲渡したことになり、譲渡所得の申告が必要になる場合があるので、注意しましょう。

80 企画、取材、執筆、編集、制作の調査費や資料代は？

取材の費用には、インタビューのためにカフェを使ったり、新しくできた飲食店のレビューをしたりするために、食事をすることがあります。取材で遠くへ出張することもあります。そのときの《会議費（飲食代）》《旅費交通費》《宿泊費》は、もちろん経費になります。

このように、**フリーランスで取材や執筆をする人は、経費になるものの範囲がほかの職種の人よりも広くなる傾向があります。そのため、経費として処理できるはずなのに、見逃していることがありそうです。もったいない話です。**

フリーランスのライターや編集者の仕事では、調査のための書籍・雑誌を買うことがよくあります。取材相手の業績について事前に勉強しておくことは当たり前のことです。必要であれば、書籍・雑誌から漫画でも、大量に購入することがあります。

仕事で必要だったことが説明できればいいので、領収書にメモしたり、それを保管するときに企画書などと一緒にしたりして、誰のどういった取材のための費用なのかを忘れないようにしておきます。

セミナーやそのあとの懇親会に参加した費用も、仕事に必要なら経費になります。ほかの職種の人ではプライベートの費用と思われるようなものについては、税務調査のときに確認されることもあるので、目的がわかるようにしておきましょう。

ライターや編集者は、取材、打ち合わせ、懇親会、接待のための食事会などの《会議費》や《接待交際費》が多くなります。数が多いので、すべてを経費にしていいのか悩むかもしれませんが、仕事に必要なら経費です。

ずっとあとになって領収書の束を広げると、どれが仕事用で、どれがプライベート用なのかわからなくなりそうです。手帳で過去の出来事がわかるように、領収書に目的と同行者などをメモし、公私に分けたファイルに保存しておくといいでしょう。

著者紹介

有賀美保子（ありが・みほこ）／税理士

小林　由実（こばやし・ゆみ）／税理士

齋藤　樹里（さいとう・じゅり）／税理士

初鹿　真奈（はつしか・まな）／税理士

編者紹介

林　仲宣（はやし・なかのぶ）

税理士。明治学院大学大学院経済学研究科・法と経営学研究科、専修大学大学院法学研究科、中京大学大学院法学研究科各非常勤講師。専門は租税法。

10分でわかる！

経費で落とせるレシート・領収書

2019年11月23日　第1版第1刷発行

編　者　林　仲宣

発行所　WAVE出版
〒102-0074 東京都千代田区九段南3-9-12
TEL 03-3261-3713　FAX 03-3261-3823
振替 00100-7-366376
E-mail：info@wave-publishers.co.jp
http://www.wave-publishers.co.jp

印刷・製本　萩原印刷

NDC360　223P　19cm　ISBN978-4-86621-240-1